ANWENDUNGSORIENTIERTER MATHEMATIKUNTERRICHT

MATHEMATIK IN DER UNTERRICHTSPRAXIS

Herausgegeben von

Volkmar Lindenau und Manfred Schindler

ANWENDUNGSORIENTIERTER MATHEMATIKUNTERRICHT

in der Sekundarstufe I

von
Gerhard Becker, Joachim Henning, Volkmar Lindenau,
Klaus-Dieter Mai, Manfred Schindler

KLINKHARDT

1979

VERLAG JULIUS KLINKHARDT · BAD HEILBRUNN/OBB.

CIP-Kurztitelaufnahme der Deutschen Bibliothek

Anwendungsorientierter Mathematikunterricht :
in d. Sekundarstufe I / von Gerhard Becker ... –
(Mathematik in der Unterrichtspraxis)
ISBN 3–7815–0403–4

NE: Becker, Gerhard [Mitarb.]

1979. 9. Ii.
Gesamtherstellung: Graphischer Großbetrieb Friedrich Pustet, Regensburg
Printed in Germany 1979
ISBN 3–7815–0403–4

Vorwort

Die stark an der Fachwissenschaft orientierte Reform des Mathematikunterrichts der 70iger Jahre hat die Anwendungen der Mathematik in unzulässiger Weise aus dem Unterricht verdrängt. Hauptanliegen dieses Buches ist, diese Fehlentwicklung korrigieren und die traditionelle Behandlung der Anwendungen verbessern zu helfen. Dazu wurden mehrere Unterrichtsvorschläge für die Sekundarstufe 1 konzipiert, die von mathematisch reichhaltigen Situationen ausgehen, die der unmittelbaren Realität oder einer durch Typisierung vereinfachten Realität entnommen sind.
Die Vorschläge befinden sich auf verschiedenen kognitiven Anspruchsniveaus, die in den Ausarbeitungen zu Unterrichtsstunden sicherlich noch veränderbar sind. Hier muß der Lehrer – in welchem Schultyp auch immer – die Entscheidung über das Zumutbare für seine Klasse treffen. Die Vorschläge lassen sich sowohl in den laufenden Unterricht einbauen als auch z. B. in Arbeitsgemeinschaften weiter ausbauen. Da die außermathematischen Anteile verschieden groß sind, wird man von Fall zu Fall entscheiden müssen, ob und wie man mit Kollegen anderer Fächer zusammenarbeiten kann.
Das Buch wendet sich an Lehrer und Studierende des Faches Mathematik für ein Lehramt.

Bremen im Februar 1979 — Die Verfasser

Inhalt

werden, wie Anwendungen von Mathematik in den Unterricht einbezogen werden könnten.
Dabei sind eine Reihe von Gesichtspunkten zu bedenken, auf die im folgenden aufmerksam gemacht werden soll. Entscheidungen, die in der Einzelsituation (Schulform, Klassenstufe, Berücksichtigung des vorangegangenen Unterrichts) zu treffen sind, können und sollen hier nicht allgemein vorweggenommen werden.
Es sollen aber Lösungsmöglichkeiten dadurch angedeutet werden, daß im folgenden auf Aspekte aufmerksam gemacht wird, die solche Modifikationen im Einzelfall bestimmen können.

1. Inhaltliche Analyse von Anwendungsaufgaben unabhängig von einem Kurskontext

Eine fundierte und ausführliche Analyse von Anwendungsaufgaben und Sachsituationen, die mit mathematischen Methoden zu behandeln sind, gibt G. Giles[1] an. Er klassifiziert solche Aufgaben nach sechs Dimensionen, deren jede durch drei oder vier Unterkategorien erläutert wird. Die Unterkategorien beschreiben nicht in allen Dimensionen graduelle Abstufungen nach einem einzigen Merkmal (vgl. z. B. die in diesem Abschnitt unter (3) und (4) aufgeführten). Unter den von Giles genannten Dimensionen sind vier (nämlich Realitätsbezug, Anzahl oder Typ der Lösung(en), Schwierigkeit der Übersetzung in die mathematische Fachsprache, Stärke/Gefälligkeit/Schönheit der Lösung) unabhängig davon, an welcher Stelle, in welcher Absicht, in welcher Weise eine solche Aufgabe in einen Kurs oder eine Unterrichtssequenz eingebaut ist.

(1) Realitätsbezug

a) unmittelbar aus dem Leben gegriffene Aufgabe, die die Schwierigkeiten und Anforderungen des Alltagslebens einbezieht,
b) abgeschwächte Situation durch leichtere Zahlen als in der Realität und nicht mit den Schwierigkeiten der Realität wie in a),
c) pseudo-reale Probleme (wie Ziegen auf kreisförmigen Weideplätzen oder 3 Zivilisierte mit 4 Kannibalen usw.)
d) Aufgabe ohne Bezug zur Realität.

---

[1] G. Giles, The Place of the Problem. In: The Development of Mathematical Activity in Children. The Place of the Problem in this Development. Hrsg.: Research and Development Panel of the Association of Teachers of Mathematics. 1966. S. 28–32. Die Klassifikation ist zitiert in: H. Weber, Problemlösen und Kreativität im Mathematikunterricht: Der Stand der mathematikdidaktischen Reflexion. In: Beiträge zum Mathematikunterricht 1973, Seite 274–282.

(2) Unmittelbarkeit

Von Realitätsbezug deutlich zu unterscheiden ist die Unmittelbarkeit der Datengewinnung in einer Realsituation. Dieser Aspekt ist bei Giles nicht aufgeführt und wird auch in Diskussionen über Anwendungen der Mathematik nicht genügend beachtet oder nicht deutlich genug vom Realitätsbezug abgehoben. Es ist aber zu unterscheiden zwischen Aufgaben, denen eine Situation zugrundeliegt, welche unmittelbar durch Beobachtung und Protokollierung aus der Realität übernommen ist, und Aufgaben, die eine fingierte Situation unterstellen, selbst wenn diese jederzeit durch Beobachtung zustandekommen könnte. In der Hinsicht unterscheiden sich für den Schüler Aufgaben und Situationen, zu denen ihm Daten (z. B. durch den Lehrer oder ein Buch) mitgeteilt werden, nicht von Situationen mit fingierten Daten. Insofern können Aufgaben, die den gleichen Realitätsbezug haben und unter die Teilkategorie a) fallen, sich voneinander im Grad der Unmittelbarkeit unterscheiden. So gesehen haben die meisten in den Unterrichtseinheiten dieser Sammlung aufgeführten Situationen für den Schüler fiktiven Charakter; dies hängt mit der Art der Präsentation zusammen (vgl. 8).

Mit dem Merkmal der Unmittelbarkeit hängt die Glaubwürdigkeit einer Anwendungssituation zusammen. Im allgemeinen werden »glatte« Zahlen für weniger wahrscheinlich gehalten als »krumme«, so daß Giles zu der Einschätzung kommt, daß »leichtere« Zahlen verminderten Realitätsgehalt bedeuten müßten.

Ein großer Teil der in den Unterrichtseinheiten dieser Sammlung mitgeteilten Daten zu Realsituationen sind zwar nicht ihrem Realitätsgehalt nach von anderen, gleichartigen Situationen unterschieden, stellen aber gleichwohl einen »repräsentativen Spezialfall«[2] ihrer Klasse deshalb dar, weil die Zahlen einfacher sind, stationäre (während der Beobachtungsdauer zeitlich unveränderte) Verhältnisse unterstellt werden oder ähnliche Vereinfachungen vorgenommen werden. Im Hinblick auf eine Mathematisierung und Modellbildung markieren solche vereinfachten Situationen einen Zwischenschritt zwischen einer Situation mit Daten, die vom Schüler durch eigene Beobachtung gewonnen sind, und einer mathematischen Modellierung.

Diese erfolgt beispielsweise bei zeitlich veränderlichen Vorgängen dadurch, daß in erster Näherung zeitlich unveränderliche oder stationäre Verhältnisse unterstellt werden. Die tatsächlich vorliegende Situation läßt sich dann etwa sukzessive durch Modellsituationen approximieren, in denen zeitabschnittsweise stationäre Verhältnisse unterstellt werden, wofür Physik und Technik zahlreiche Beispiele liefern.

Letztlich ist das Hinzufügen zusätzlicher einschränkender Bedingungen in einem »höheren« Sinn sogar ein an der Realität (der Realität einer Ernstsituation) sehr weitgehend orientiertes Vorgehen.

---

[2] G. Polya, Vom Lösen mathematischer Aufgaben, Basel, Stuttgart, 1. Band, 1966, S. 122, S. 261.

(3) Anzahl oder Typ der Lösung(en)
a) eine genau definierte Lösungsmenge mit einem einzigen oder wenigen Elementen,
b) eine maximale oder minimale Zahl oder Größe wird gesucht,
c) eine Abschätzung oder Approximation wird gesucht,
d) eine Behauptung, Formel oder Regel ist zu finden, zu beweisen oder zu widerlegen.
(4) Schwierigkeit der Übersetzung in die mathematische Fachsprache
a) Zuerst ist eine Frage neu zu formulieren, unter Hinzunahme weiterer Annahmen oder Bedingungen,
b) Übersetzung in die mathematische Fachsprache ist schwierig,
c) Übersetzung in die mathematische Fachsprache ist leicht,
s) Übersetzung in die mathematische Fachsprache ist nicht erforderlich.
(5) Stärke, Gefälligkeit, Schönheit der Lösung
a) sehr gefällig,
b) gefällig,
c) ohne ästhetisches oder allgemeines Interesse (diese 4. Dimension ist bei Giles als 6. aufgeführt)
Hinzu kommt ein weiterer, von Giles nicht genannter, aber wegen der Einschätzung des Zeitbedarfs nicht zu vernachlässigender Aspekt:
(6) Umfang eines Problems
Neben eng begrenzten Einzelaufgaben gibt es umfangreiche Probleme, die für sich schon eine thematische Einheit darstellen, welche mehrere Wochen oder gar Monate in Anspruch nehmen kann. Dies ist beispielsweise dann der Fall, wenn das Problem zunächst in einer speziellen Formulierung gestellt und gelöst wird, sich aber aus der Lösung Ausweitungen und Verallgemeinerungen der Fragestellung etwa für bisher nicht naheliegende oder zunehmend kompliziertere Fälle ergeben, deren Lösung sich zu einer kleinen Theorie entfalten kann.

2. Inhaltliche Analyse von Anwendungsaufgaben hinsichtlich des Zusammenhangs mit dem laufenden Unterricht

Im allgemeinen wird eine Problemaufgabe nicht ohne Bezug auf einen Kurs behandelt. Unter Umständen sind die zur Lösung der Aufgabe erforderlichen mathematischen Hilfsmittel entweder naheliegend (wenn ihre Behandlung der Aufgabe unmittelbar vorausgeht) oder aus einer größeren Zahl zur Verfügung stehender Hilfsmittel auszuwählen. Unter dem Aspekt der Einbeziehung einer solchen Aufgabe in einen Kurskontext sind folgende Dimensionen bedeutsam, von denen die beiden ersten aus dem Katalog von G. Giles übernommen sind.
(1) Schwierigkeiten beim Finden geeigneter Lösungstechniken
a) Techniken nicht offenkundig, durch Versuch und Irrtum auffindbar,

b) Techniken nicht offenkundig, durch Untersuchung spezieller Fälle auffindbar,
c) Techniken nicht offenkundig, durch Überlegung und Intuition auffindbar,
d) Techniken offenkundig.

(2) Schwierigkeitsgrad der Techniken

a) Techniken müssen erst geschaffen werden,
b) Techniken verlangen höhere Mathematik,
c) Techniken verlangen nur elementare Mathematik,
d) Techniken erfordern nur logisches Denken.

(3) Beziehungsreichtum eines Problems

Darunter ist die Reichhaltigkeit an Anknüpfungspunkten, Verbindungen, Beziehungen zu anderen Gegenständen des Kurses, allgemeiner des mathematischen Unterrichts, sogar des Unterrichts überhaupt bzw. des Erfahrungsbereichs der Schüler zu verstehen. Innerhalb dieser Dimension ist das eine Extrem ein isoliertes Problem ohne oder mit nur sehr fern liegenden Verbindungen zu anderen Gegenständen des Kurses. Auf der anderen Seite gibt es Probleme, die von sehr vielen erreichten Stellen aus angegangen werden können, die in vielen Versionen, etwa innerhalb, mehrerer Modellsituationen gestellt werden können. Ihnen kommt in einem Kurs eine Art Brückenfunktion zu, sie eignen sich als Anknüpfungs- oder Übergangsbereich, als Verbindungsstück zwischen mehreren Teilstücken des Kurses.

(4) Funktionelle Weite eines Problems

Darunter werde die Eigenschaft des Problems verstanden, daß ein zentraler Beweisgedanke, das Lösungsschema, ein Teilproblem oder ein Lösungsalgorithmus weiterverwendbar und übertragbar bzw. ausgefallen, einmalig, singulär ist, nur eine Verwendung innerhalb dieses Problems selbst findet. Während der Beziehungsreichtum eines Problems mehr die Äußerlichkeiten, nicht notwendigerweise die strukturell wesentlichen Seiten des Problems betrifft, bezieht sich die funktionelle Weite mehr auf den Kerngedanken, die strukturellen Züge, was die Übertragbarkeit und damit die weitere Verwendbarkeit der an ihm gewonnenen Einsichten und Methoden sichert.

3. Funktion von Anwendungen innerhalb von Kursen

Gemeint sind damit insbesondere Stellung, Aufgabe, Einsatzmöglichkeit von Anwendungen im Rahmen übergreifender didaktischer Anliegen und Maßnahmen. Wegen des großen Umfangs der Überlegungen zu diesem Aspekt kann hier nur auf wenige Gesichtspunkte stichwortartig hingewiesen werden. Berücksichtigung sollen dabei nur Anwendungen in einem engeren Sinne finden, bei denen nämlich in der Aufgabe oder durch die ggf. mehr theoretisch ausgerichtete Fragestellung der Bezug zu einer Realsituation erkennbar ist oder sogar überwiegt. Die Realsituation kann vorgestellt oder unmittelbar präsent sein, es kann sich um die ganze Realität oder nur einen Sektor, einen ausgeblendeten Teil der Realität handeln.

4. Verhältnis der Anwendungen zu den Theorieteilen

Überlegungen zu diesem Aspekt unterstellen grob eine mögliche Aufteilung der Inhalte des mathematischen Unterrichts in solche, die sich einer mathematischen Theorie einordnen lassen, also Axiome, Definitionen, Sätze, Beweise, begriffliche Konstruktionen und Algorithmen, und Sachverhalte, die außerhalb dieses Bereichs liegen, etwa Informationen über wirtschaftliche, politische, technische Zusammenhänge, über isolierte Einzelfakten des täglichen Lebens, über die tatsächliche oder vorgestellte Situation.

Unter den Aspekt Verhältnis von Theorieteilen und Anwendungen fallen die folgenden Fragenkomplexe:

(1) Art und Anteil von Theorie bzw. Theorieteilen einerseits, Informationen über außermathematische Sachverhalte und Zusammenhänge andererseits an einem Kurs

(2) Verteilung und Organisation der beiden Anteile.

Für einen anwendungsorientierten Mathematikunterricht ist von großer Bedeutung, welche Realsituationen überhaupt ergiebig für mathematische Aktivitäten sind, und welche mathematischen Inhalte sich in naheliegender, natürlicher Weise durch Anwendungen in Realsituationen abdecken lassen. Auch im Unterricht sind Realsituationen denkbar, in denen die verwendete Mathematik aus mehreren voneinander entfernt liegenden Theorieteilen stammt, ebenso umgekehrt Theorieteile, zu denen sich nur sehr punktuelle und untereinander unverbundene Realsituationen finden lassen, die von der Theorie aufgehellt werden. Üblicherweise ist der mathematische Unterricht in der Weise organisiert, daß der Unterricht hinsichtlich der Mathematik homogen, nach fachsystematischen Gesichtspunkten strukturiert ist, während die zugehörigen Anwendungen inhomogen sind. Innerhalb dieser Sammlung ist beispielsweise die Unterrichtseinheit »Kalender« mathematisch recht inhomogen. Neben Inhalten aus der Zahlentheorie werden geometrische Kenntnisse (im letzten Kapitel) vorausgesetzt. Eine Vertiefung des Rechnens mit Resten nach 7 und eine Ausweitung auf Koordinaten oder Himmelsmechanik im letzten Kapitel würde sie noch erheblich inhomogener machen.

In der Fachmathematik ist es üblich, daß die Hilfsmittel zur Lösung von Problemen auch aus entfernt liegenden Teildisziplinen geholt werden, und unerwartete Kombinationen sind oft Ergebnis eines genialen Einfalls. Gegenüber der Fachmathematik ist die Schulmathematik erheblich ärmer an Verbindungen zwischen ihren einzelnen Teilen. Je niedriger sogar die Klassenstufe, desto weniger Verbindungen dieser Art sind den Schülern bekannt, d. h. die einzelnen Teile der Schulmathematik erscheinen für den Schüler in ähnlicher Weise voneinander getrennt wie entfernt liegende Teildisziplinen der Fachmathematik für den professionellen Mathematiker. Der Unterricht bezieht daher üblicherweise erst mit zunehmender Höhe der Klassenstufe heterogene Mathematikanteile innerhalb der gleichen Aufgabe ein. Dementsprechend erschwerend ist die Verwendung inhomogener Mathematikanteile in einer Anwendungssituation.

Ein wesentlicher Grund für das Überwiegen künstlicher oder von der Realität stark abweichender Situationen im Mathematikunterricht ist die Tatsache, daß solche Sequenzen sowohl hinsichtlich der verwendeten Mathematik wie hinsichtlich der Realitätsanteile leichter homogen zu gestalten sind, bzw. daß die Homogenität im allgemeinen nur durch Kompromisse erreichbar ist, die entweder zu Lasten der Mathematik oder zu Lasten der Realitätsnähe einer Anwendung geht.
Die Unterrichtseinheit »Wahlen« ist in der vorliegenden Fassung dieser Sammlung dadurch mathematisch ziemlich homogen, daß mathematische Techniken im wesentlichen auf Prozent- und Verhältnisrechnung beschränkt bleiben. Möglichkeiten, sie mathematisch auszuweiten, liegen einmal darin, Wahlhochrechnungen einschließlich statistischer Verfahren etwa zur Abschätzung der Repräsentativität der Stichproben aufzunehmen, zum anderen in einer Vertiefung des Vergleichs des d'Hondtschen mit dem Hareschen Verfahren zur Bestimmung der Mandatsverteilung; hierdurch kämen Ganzteilfunktionen und Rechnen mit Ungleichungen hinzu. Man könnte daran denken, die Unterrichtseinheit für die 8. oder 9. Klasse mit einem solchen mathematischen Teilstück anzureichern.
Die Unterrichtseinheit »Warteschlangen« ist ebenfalls mathematisch homogen, von den Realsituationen her allerdings weniger homogen. Das zeigt sich schon darin, daß eine Vielfalt bereits vereinfachter, typisierter, vorgestellter Situationen (Postschalter, Restaurantbetrieb, Ampelkreuzung) vorkommt, die von der Realität abstrahiert sind. Die Übertragbarkeit der an einer solchen Unterrichtseinheit gewonnenen Einsichten und Verfahren korrespondiert mit dem vergleichsweise großen Abstand der eingebrachten Situationen von der Realität, während demgegenüber etwa die Unterrichtseinheit »Kalender« eine hierfür in keiner Weise eigens abgeänderte Realität zum Gegenstand hat, die herausgearbeiteten Einsichten aber weitgehend singulär und kaum auf andere Phänomene übertragbar sind.
Die Unterrichtseinheiten dieser Sammlung unterscheiden sich weiter darin, an welchen Stellen, wie häufig, mit welchem Anteil mathematische Theorieteile und außermathematische Sachverhalte, Phänomene, Beobachtungen, Ergebnisse von Experimenten, Daten miteinander abwechseln oder durcheinander ergänzt, gestützt, erläutert werden. So kommt beispielsweise die Unterrichtseinheit »Wahlen« mit einem einzigen Datenbestand der Zahlen der beiden letzten Bundestags- und Landtagswahlen für die einzelnen Parteien aus.
Schließlich können sich anwendungsorientierte Unterrichtseinheiten erheblich durch Art und Umfang der Herausarbeitung von Theoriebestandteilen unterscheiden bzw. können Unterrichtseinheiten zu einer und derselben Realsituation in dieser Hinsicht deutlich voneinander abweichen. Beispielsweise bestehen die mathematischen Anteile der ersten beiden Kapitel in der Unterrichtseinheit »Kalender« fast ausschließlich im additiven Rechnen mit Kongruenzen modulo einer natürlichen Zahl. In der vorliegenden Fassung werden diese Theoriebestandteile aber nicht thematisiert, die Begründungen für die herauszufindenden Gesetzmäßigkeiten lassen sich schon mit Hilfe der Division mit Rest geben. Weil das Rechnen mit Kongruenzen mehr am

Rande des üblichen Stoffkanons liegt, wird auf die elegantere aber begrifflich etwas aufwendigere und weiter ausholende Art der Zurückführung auf zahlentheoretische Hilfsmittel verzichtet. Diese lassen sich aber mühelos einbauen und die Untersuchung des Kalenders so zu einem Einstieg in die elementare Zahlentheorie ausweiten. In der vorliegenden Form kann diese Unterrichtseinheit bei Beschränkung auf die beiden ersten Abschnitte etwa als Übung oder Wiederholung des Rechnens mit Resten eingesetzt werden.

Während dort die benötigten mathematischen Kenntnisse als bekannt vorausgesetzt sind, leistet die Unterrichtseinheit »Landkarten« die Neueinführung konstitutiver Begriffe, indem sie Winkel-, Maßstabs- und Verhältnisbegriff explizite herausarbeitet.

5. Zusammenhang der Anwendungen untereinander

Eine hinsichtlich der vorkommenden Realsituationen homogene Unterrichtseinheit besteht aus Teilen, die sich in überschaubarer Weise einem Leitgedanken unterordnen. Ein solcher Leitgedanke kann beispielsweise klassifikatorischer Art sein, so daß also die einzelnen Abschnitte der Unterrichtseinheit Sonderfälle zu dem Leitgedanken darstellen.

Wenn es sich um Realsituationen zunehmender Komplexität oder abnehmenden Bekanntheitsgrades (etwa infolge räumlicher oder zeitlicher Entfernung von der dem Schüler vertrauten Situation) handelt, liegt als Gliederungsgesichtspunkt ein Ordnungsschema oder grob gesprochen ein Merkmal vor, das den einzelnen vorgestellten Situationen in mehr oder weniger starkem Maße zukommt. Das ist stellenweise an der Unterrichtseinheit »Kalender« erkennbar, die nach dem alten Prinzip »Vom Nahen zum Fernen« (hier in zeitlichem Verständnis) aufgebaut ist (abgesehen vom letzten Abschnitt). Auf diese Weise kommt ein Zusammenhang zwischen einzelnen Bestandteilen einer Anwendungssituation oder auch zwischen mehreren Anwendungssituationen zustande.

Wie ebenfalls die Unterrichtseinheit »Kalender« zeigt, kann sich aus einer angesprochenen Teilfrage, z. B. der Frage nach den Gründen für die Verbesserung des Kalenders, eine ganz neue thematische Einheit ergeben, hier etwa nach den astronomischen Grundlagen von historisch bekannten Kalendern. Ihr wird im letzten Abschnitt der Unterrichtseinheit »Kalender« nur so weit nachgegangen, wie es die in den voraufgehenden Teilen genannten astronomischen Stichwörter nahelegen. Statt dessen könnte sich eine neue anwendungsorientierte Unterrichtseinheit anschließen, der aber wieder gänzlich andere mathematische Theorieteile entsprechen, vor allem sphärische Geometrie und Mechanik, mit den dazugehörenden Kenntnissen aus der Physik.

Wie schon in Abschnitt 3 angesprochen, steht die Notwendigkeit eines geordneten mathematischen Wissens einer Organisation des mathematischen Unterrichts auf der Grundlage einer Kette von Anwendungssituationen entgegen.

6. Verhältnis der Anwendungen im Mathematikunterricht zu Inhalten anderer Schulfächer oder anderer Bereiche

Die bisher vorgenommene Einteilung in mathematische Theoriebestandteile einerseits, Realsituationen andererseits ist für eine sorgfältige Analyse zu grob. In die Realsituationen gehen Informationen der verschiedensten Art ein. Ein Teil läßt sich anderen Schulfächern zuordnen, so daß ein anwendungsorientierter Mathematikunterricht fächerübergreifend, interdisziplinär werden kann.
Viele der im mathematischen Unterricht möglichen Themen erfordern Informiertheit über außermathematische Sachbereiche, die aber nicht bei jedem Mathematiklehrer vorausgesetzt werden kann. Aus diesem Grund enthalten die Unterrichtseinheiten Literaturhinweise vor allem über die außermathematischen Bereiche. Dazu gehört in einzelnen Beispielen insbesondere umfangreiches Bildmaterial. Da Datenmaterial schnell veraltet, müßten z. B. den Unterrichtseinheiten »Wahlen«, »Eisenbahn«, »Flugreisen« von Fall zu Fall die neuen Daten zugrunde gelegt werden.
Zur Beschaffung von relevanten Informationen können auch Experimente notwendig sein. Von den Unterrichtseinheiten der vorliegenden Sammlung verlangen »Landkarten«, »Kalender« (im letzten Abschnitt) gelegentliche Experimente, insbesondere wenn die physikalischen Grundlagen weiter vertieft oder ausgebaut werden sollen. Die Unterrichtseinheit »Warteschlangen« legt u. a. wegen der Simulation Würfelversuche nahe.
Vor allem bei möglichen Unterrichtseinheiten, die die Untersuchung von Phänomenen der natürlichen Umwelt (z. B. Biosysteme, Ökosysteme) zum Gegenstand haben, sind ergänzende Versuche unerläßlich.
Schließlich sind vielfach Datenerhebungen notwendig. Das betrifft von den Unterrichtseinheiten dieser Sammlung vor allem »Warteschlangen« und »Wahlen«.

7. Art der Anwendungen bezüglich des Erfahrungshorizontes der Schüler

Es gibt nur wenige mathematisch hinreichend reichhaltige Sachzusammenhänge, die den Schüler unmittelbar in seiner aktuellen Situation betreffen. Hierin liegt eine grundsätzliche Schwäche eines noch so realitätsnah gestalteten Mathematikunterrichts. Auch Situationen aus dem möglichen späteren Erfahrungsbereich der Schüler, z. B. in nachfolgenden Klassenstufen, nach der Schule, als Auszubildender, als Erwachsener, brauchen für ihn in der aktuellen Situation noch nicht von Bedeutung zu sein und als ihn betreffend empfunden zu werden. Die Sachsituationen, die für eine Behandlung in Betracht kommen, können sich danach unterscheiden, welchen Bereichen sie entstammen:

- dem schulischen Erfahrungsbereich (beispielsweise »Wahlen« im Zusammenhang mit dem Thema Organe eines demokratisch verfaßten Staates im Gemeinschaftskundeunterricht),
- dem Alltags- oder Freizeitverhalten (von Schülern oder Erwachsenen) (beispielsweise »Kalender«, »Eisenbahn«, »Flugreisen«, Sachsituationen die sich z. B. auf Sport, Spiele beziehen),
- Erfahrungen, die fast jeder Erwachsene irgendwann einmal bei verschiedenen speziellen Gelegenheiten macht (Einkauf, größere Anschaffungen, Finanzierung),
- spezielle, vielleicht kurzfristige Interessen aus aktuellem Anlaß (»Karten« nach einer Wanderung, »Warteschlangen« nach einem ärgerlichen Warten beim Frisör oder Arzt),
- Probleme für einzelne Schüler, Anliegen, Bedürfnisse, Anregungen aus der eigenen sozialen Umgebung (Elternhaus/Freundeskreis, Anschaffung, Reise, Urlaubsplanung).

Von den genannten Anliegen können mehrere zutreffen; die Liste der vorgenannten Gesichtspunkte ist weder vollständig, noch sind die Zuordnungen der Beispiele eindeutig.

8. Art der Präsentation

Es liegt in der Natur der Sache, daß ein anwendungsorientierter Mathematikunterricht häufig von der im mathematischen Unterricht überwiegenden Form der Präsentation durch Sprache in Laut oder Schrift abgehen kann und muß. Phänomene der Realität in ihrem räumlich-zeitlichen Zusammenhang, komplexe Geschehnisse, die unmittelbar einer Beobachtung zugänglich sind, sind einzubeziehen, wie beispielsweise Bewegungen von Schatten im Rahmen einer Untersuchung der Sonnenuhr, Phänomene, wie sie in der Unterrichtseinheit »Warteschlangen« skizziert sind und in dieser Sammlung nur als fingierte Beispiele mitgeteilt werden können, z. B. das tatsächliche Verhalten von Autoschlangen. Es liegt an der Art der Veröffentlichung dieser Unterrichtseinheiten, daß sie aus der Sicht des Schülers nur fingiert sein können – im Sinne fehlender Unmittelbarkeit.

Die Simulation von Vorgängen spielt dann eine große Rolle, wenn originale Phänomene durch Modelle von handlicher Größe oder in überschaubaren Zeitspannen der Beobachtung bequemer zugänglich gemacht werden sollen.

Die Beschränkung auf statische Bilder, Filme oder Nachbildungen ist angebracht wenn – nach Betrachtung zugänglicher Originalobjekte – vergleichbare Gegenstände räumlich oder zeitlich zu weit entfernt sind.

Zu der drei- oder zweidimensionalen bildhaften Präsentation kann eine skizzenhafte oder schematische Darstellung kommen. Auch bei der Verwendung solcher schema-

tisierter Darstellungen räumlicher Sachverhalte im Alltag kann anwendungsorientierter Unterricht einsetzen, wie das Beispiel »Landkarten« zeigt. Als adäquates Darstellungsmittel für Phänomene, deren räumliche oder zeitliche Grundlage nur mittelbar als solche erkennbar wird, erweisen sich tabellarische oder andere Formen schriftlicher Darstellung (z. B. Dauerkalender in der Unterrichtseinheit »Kalender«, Urlisten in der UE »Warteschlangen«).
Mit der Art der Veröffentlichung hängt es zusammen, daß die Unterrichtseinheiten dieser Sammlung nur sprachlich präsentiert werden können. Wo es hilfreich ist, sind Angaben etwa über Bildbände, Filme, Daten- und Materialsammlungen gemacht. Von den jeweils vorhandenen Schulsammlungen und dem Bastelgeschick des Benutzers wird es abhängen, in welchem Ausmaß Modelle hinzugenommen werden (z. B. ein Modell, das die Bewegung der Erde um die Sonne und des Mondes um die Erde zeigt, in der Unterrichtseinheit »Kalender«, Kartenprojektionsmodelle in »Landkarten«). In der vorliegenden Fassung stellen die Unterrichtseinheiten knappe Versionen dar, in denen explizite Hinweise auf Modelle, Experimente mit diesen, über das zum Verständnis unbedingt Erforderliche hinausgehende Beobachtungen nicht erwähnt sind. Auf diese Weise soll auch derjenige Interessent zur Benutzung angeregt werden, der experimentellen Aufwand scheut oder anwendungsorientierten Mathematikunterricht vielleicht zunächst nur versuchsweise und über eine nicht allzu lange Zeitspanne erproben möchte.
Die Art, wie die vorliegenden Unterrichtseinheiten in Abschnitte und Sinneinheiten aufgeteilt sind, entspricht nur einer groben Vorstrukturierung, keineswegs einer genauen Aufgliederung in Unterrichtsstunden. Ebenso sollen die Fragen und Aufgaben, die im Anschluß an die informierenden Textteile gegeben werden, nur Anregungen sein. Sie sind im allgemeinen in einem solchen Grad der Detailliertheit und Enge formuliert, daß sie erkennen lassen, wo der Schwerpunkt bei der Bearbeitung liegen sollte; im Unterricht selbst ist eine weniger gezielte Frage als Ausgangspunkt einer Diskussion beispielsweise über die »Gerechtigkeit« eines Mandatsverteilungsverfahrens (in der Unterrichtseinheit »Wahlen«), über die Zweckmäßigkeit einer astronomischen oder geographischen Festsetzung (in der Unterrichtseinheit »Kalender«), angebracht und möglich.

Unterrichtseinheit »Landkarten«[1]

Inhaltsübersicht

---

[1] An der Entwicklung und Erprobung der Unterrichtseinheit waren der Praxislehrer Heinz Kulb und eine Studentengruppe beteiligt.

1. Hinweise für den Lehrer

Bei der vorliegenden Unterrichtseinheit handelt es sich von der Seite der Mathematik her um Lehrplaninhalte der Klasse 6, die über geographische Anwendungen eingeführt bzw. systematisiert werden.
Für die Fragen des Maßstabs – insbesondere für das Zeichnen von Landkarten – verwendet man sonst allerdings viel weniger Zeit im Mathematikunterricht, verzichtet damit aber auf die Vorteile, die ein anwendungsorientierter Unterricht dem Schüler für die Motivation und Assimilation des Stoffes bietet.
Hinzu kommt, daß die behandelten Themen für die Zukunft des Schülers als Autofahrer, Wassersportler, Wanderer, Zeitungsleser u.s.w. Bedeutung haben können und wegen ihrer Lage zwischen den Fächern Geographie und Mathematik nur oberflächlich angesprochen werden. Insbesondere der Maßstab erfährt oft nur eine rezeptartige Einführung, so daß die Anwendbarkeit des so erworbenen Wissens in praktischen Situationen zweifelhaft erscheint.
Da das Kopieren von Karten für den Gebrauch als Arbeitsblatt des einzelnen Schülers nicht zulässig ist und im Atlas die Maßstäbe angegeben sind, müssen die Karten, deren Maßstäbe bestimmt werden sollen, vom Lehrer als einfache Umrißkarte mit den benötigten Angaben selbst hergestellt bzw. vorhandene Stempel benutzt werden. Für die Längenberechnung ist es zweckmäßig, den Schüleratlas oder die Wandkarte zu verwenden.
Beim Kapitel über Winkel sollten nach Möglichkeit je zwei Schüler einen Kompaß[2] erhalten, und für die Arbeit auf dem Schreibprojektor sollte ein durchsichtiger[3] vorhanden sein.
Ein Modell zur Demonstration des erdmagnetischen Feldes (Globus mit durchgestecktem Stabmagnet[4]) ist nicht unbedingt erforderlich, kann aber das Verständnis der Schüler für ihren Umgang mit dem Kompaß vertiefen und ist bei entsprechenden Fragen der Schüler eine große Hilfe.
Ebenso ist es vorteilhaft, beim Gradnetz der Erde ein Kugelmodell zur Demonstration von geographischer Länge und Breite[5] zur Verfügung zu haben.
Der Unterricht läßt sich allerdings auch mit einem Schreibglobus[6] oder einfach einem Globus durchführen.
Die Unterrichtseinheit wurde in Klassen verschiedener Leistungsfähigkeit vom B-

---

[2] z. B. Fa. H. Kröncke, Hannover, Nr. 170301.
[3] z. B. Fa. H. Kröncke, Hannover, Nr. 170302. Man muß darauf achten, daß die Magnetnadel nicht durch evtl. nach außen wirksame Magnetfelder des Schreibprojektors beeinflußt wird.
[4] z. B. Fa. Phywe, Göttingen, Nr. 06351.00 (Globus physikalisch), 06311.00 (Magnet).
[5] z. B. Fa. G. Hermann, Hofgeismar, Nr. 746.
[6] z. B. Fa. G. Hermann, Hofgeismar, Nr. 973.

Kurs der Grundschule (nach dem Abgang der Gymnasiasten nach Klasse 4) bis zur gymnasialen Klasse erprobt.
Dieser Breite entsprechend kann man für den Unterricht 15–20 Stunden ansetzen.
Dabei hängt der Zeitbedarf nicht nur von der intellektuellen Leistungsfähigkeit der Klasse, sondern wesentlich auch von der Organisation des Unterrichts ab; denn vielen Aufgabenstellungen ist eine Gruppenarbeit – insbesondere Partnerarbeit – angemessen.
Falls nicht genügend Zeit für die gesamte Unterrichtseinheit vorhanden ist oder andere Schwerpunkte im Lehrstoff der Klasse gesetzt werden sollen, kann man mit geringfügiger Änderung einzelne Teile benutzen, wobei besonders an die Einführung des Winkelbegriffs über die Himmelsrichtungen oder den Maßstab gedacht ist.
Dem Mathematiklehrer, der sich näher über die geographischen Inhalte informieren möchte, seien die beiden folgenden Bücher genannt:

1. Herbert Wilhelmy, »Kartographie in Stichworten«, Bandausgabe, Kiel 1975 (Hirt)
2. Georg Jensch, »Die Erde und ihre Darstellung im Kartenbild«, Braunschweig 1975 (Westermann)

Unterrichtsvorschlag

2. Maßstab – Längenmessung auf Landkarten

Den Schülern in Klasse 6 ist aus den vorhergehenden Jahren der Begriff des Maßstabs aus dem Sachkundeunterricht bekannt. Allerdings beschränken sich die Kenntnisse von dorther auf das Ausmessen von Längen mit Hilfe der an den Karten angebrachten Skalen, was etwa durch folgende Formulierung aus einem Lehrbuch der Klasse 4 verdeutlicht werden kann: »Damit du nun richtig messen kannst, ist auf jeder Karte eine kleine Meßleiste eingezeichnet; an ihr sind Kilometer angegeben, und du kannst mit dieser Meßleiste abmessen, wie weit zwei Orte voneinander entfernt sind.
Solche Meßleisten kann man auch Maßstab nennen.«[7]
Der Begriff »Maßstab« wird in der ursprünglichen Bedeutung des Wortes und nicht als Bruchzahl gesehen. Mit derart mißverständlichen Einführungen in früheren Jahren muß bei der Behandlung des Maßstabs gerechnet werden.
Auch im Mathematikunterricht kann dies Thema schon früher in vorläufiger Form an einfachen Beispielen angesprochen worden sein.[8] Eine ausführliche Behandlung im Zusammenhang mit Landkarten beliebiger Maßstäbe ist aber erst nach der Bruchrechnung in Klasse 6 sinnvoll.

---

[7] H.-W. Besch u. a., »Niedersachsen«, Düsseldorf 1972, S. 5.
[8] vgl. etwa H. Winter, Th. Ziegler, Hrsg., »Neue Mathematik«, 4. Schuljahr, Hannover 1973, S. 30–34.

Karte 1[9]

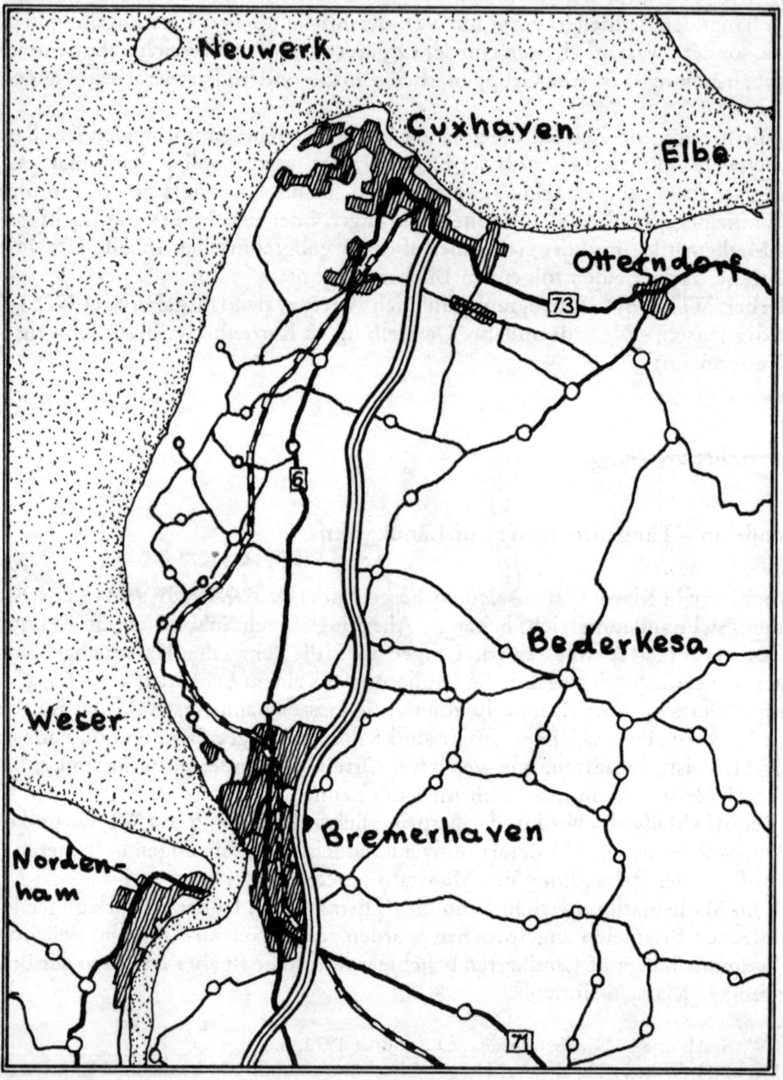

[9] Maßstab 1:400 000.

Karte 2[10]

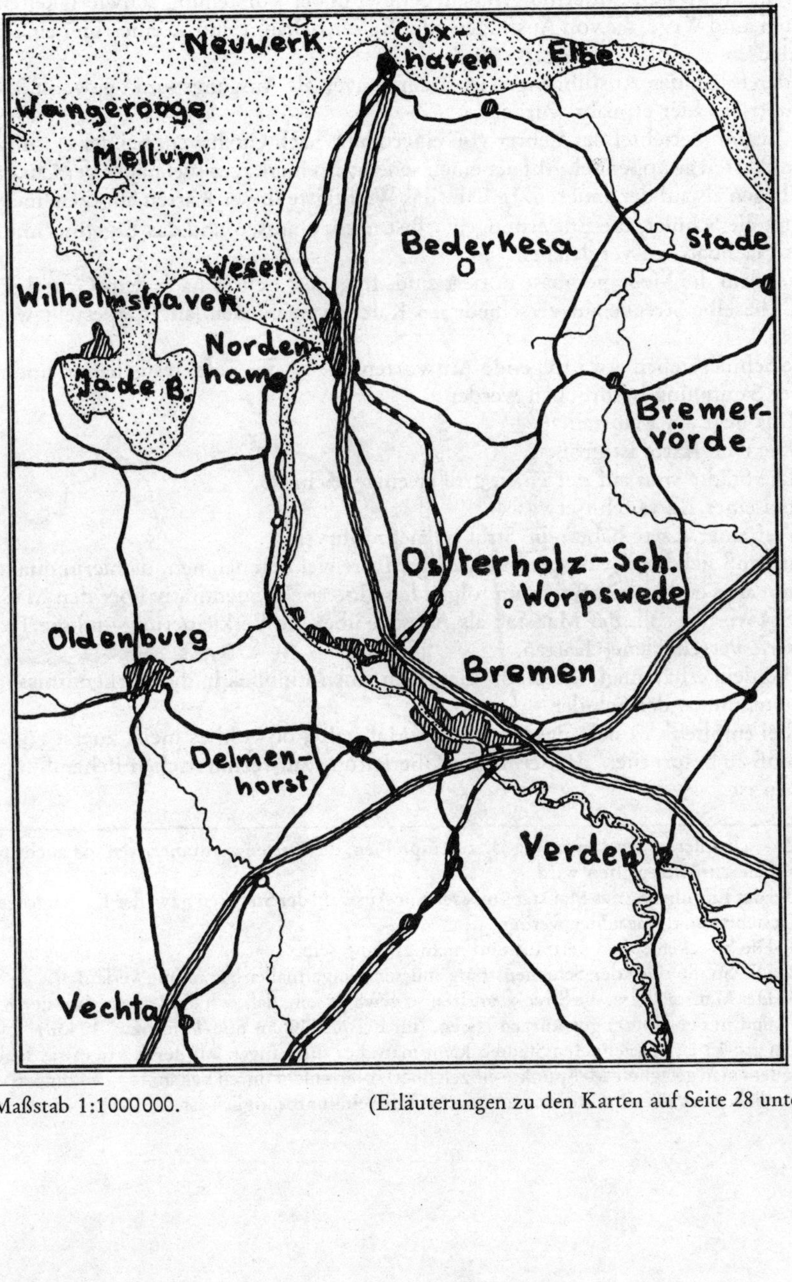

[10] Maßstab 1:1000000.

(Erläuterungen zu den Karten auf Seite 28 unten.)

Alle benutzten Karten sollten je nach Größe des Maßstabs den Heimatort bzw. die nächstgrößere Stadt enthalten, von der anfänglich alle Überlegungen ausgehen müssen, da die großen Entfernungen dem Schüler in der Vorstellung Schwierigkeiten bereiten, und Wege, die von Ausflügen oder Reisen bekannt sind, können hier eine Hilfe bedeuten.

In den folgenden Ausführungen ist Bremerhaven als Ausgangspunkt gewählt, da der Unterricht hier erprobt wurde.

Zu Beginn berichtet der Lehrer von einer Fahrt nach Cuxhaven, bei der er auf zwei Landkarten gestoßen sei. Auf der einen scheint Bremerhaven viel näher bei Cuxhaven zu liegen als auf der anderen. Er habe das Wichtigste dieser Karten abgezeichnet und bittet die Schüler, die Entfernungen selbst nachzumessen und das Ergebnis mit dem des Nachbarn zu vergleichen.

Nachdem die Meßergebnisse notiert sind, fragt der Lehrer nach dem Grund dafür, daß dieselbe Strecke auf verschiedenen Karten verschieden lang dargestellt werden kann.

Die Schüler geben etwa folgende Antworten, die an der Tafel festgehalten und nach ihrer Sammlung besprochen werden:

- Das liegt am Maßstab.
- Die eine Karte ist größer.
- Die Städte sind auf der einen größer eingezeichnet.
- Bei einer Karte fehlt etwas.
- Auf einer Karte haben die Straßen mehr Kurven.

Man muß sich bei der Besprechung dieser Liste viel Zeit nehmen, da hierin qualitativ schon alles enthalten ist, was im folgenden Unterricht quantitativ über den Maßstab gesagt werden soll: der Maßstab als Aussage über die Verkleinerung und die Trennschärfe verschiedener Karten.

Außerdem erhält man bei diesem Gespräch einen Einblick in die Vorkenntnisse und Vorstellungen der Schüler.

Dabei empfiehlt es sich, das Stichwort »Maßstab«, obwohl es meist zuerst fällt, am Schluß zu besprechen, da hiermit die Überleitung zur rechnerischen Behandlung gegeben ist.

Zur schnelleren Verständigung ist zu empfehlen, die Karten zu numerieren, da auch später auf sie zurückgegriffen wird.

Bei der Einführung des Maßstabs müssen zur Auswahl der Strecken bzw. der Karten folgende Gesichtspunkte beachtet werden:

1. Die Strecken sollen vertraut und nicht zu lang sein.
2. Die Straße oder der Schienenstrang müssen einigermaßen geradlinig verlaufen.
3. Der Maßstab bzw. die Strecke müssen so gewählt sein, daß sich die Längen (auf der Karte und in der Natur) gut kürzen lassen. (im Beispiel 10 cm und 4 cm bzw. 40 km)

Bei größer eingezeichneten Städten kann man dies für Längen auf der Karte etwas lenken, indem man geeignete Meßpunkte einzeichnet, sofern nicht durch bekannte Kreuzungen oder ähnlich markante Punkte eine eindeutige Übereinkunft möglich ist.

2.2 *Quantitative Einführung des Maßstabs*

Man wählt eines der beiden Meßergebnisse aus und hält es an der Tafel fest:
10 cm auf der Karte entsprechen 40 km in der Natur.

(Evtl. mit der Kurzformulierung 10 cm ≙ 40 km. Man sollte es aber nicht bei dieser Formulierung belassen; denn es handelt sich bei der Einführung des Maßstabs meist um eine erste genauere Bekanntschaft mit Verhältnissen, was sehr sorgfältige sprachliche Beschreibungen erfordert.

Hierdurch wird Formulierungen wie »10 cm sind 40 km« oder »10 cm verhalten sich wie 40 km« vorgebeugt.)

Der nächste Abschnitt der Unterrichtseinheit dient der Einführung von Schreibfiguren der Art 1:100000 bzw. $\frac{1}{100\,000}$ zur Angabe von Verhältnissen; denn die Verwendung vom Divisionszeichen bzw. Brüchen zur Angabe von Verhältnissen ist Schülern dieser Altersstufe i. a. nur flüchtig und unzusammenhängend bekannt.

Sie geben solch eine Schreibfigur an, wenn man sie fragt, wie der Maßstab einer Landkarte angegeben wird, oder sie bittet, im Atlas oder auf der Wandkarte nach der Maßstabangabe zu suchen.

Es ist empfehlenswert, hier an einen Sachverhalt anzuknüpfen, der den Schülern weitgehend bekannt ist, und an ihm die Bedeutung von Verhältnissen, den Zusammenhang zwischen den verschiedenen Darstellungsarten und die dazugehörigen Sprechweisen zu erarbeiten.

Zu diesem Zweck bietet sich das Torverhältnis beim Fußballspielen an, da hier schon der Begriff »Verhältnis«, die Schreibweise z. B. 1:3 und die Sprechweise »eins zu drei« bekannt sind.

In dem analysierenden Gespräch in der Klasse muß gegebenenfalls auf folgende Gesichtspunkte gelenkt werden:

- Die Anzahl der Tore der einen Mannschaft ist $^1/_3$ der Anzahl der Tore der anderen Mannschaft.
- Die Anzahlen der Tore, die die einzelnen Mannschaften geschossen haben, verhalten sich wie 1 zu 3.
- Die Ausdrücke »1:3«, »1 zu 3« und »$^1/_3$« können zur Darstellung des gleichen Sachverhalts benutzt werden und sind in diesem Sinne gleichbedeutend.

Man hat hiermit gleichzeitig ein einfaches Beispiel dafür, daß die Mathematik die Wirklichkeit modellhaft beschreibt und daß diese Modelle manche Qualitäten eines Sachverhalts quantitativ gut und andere schlechter beschreiben, weil sie jeweils in ihrer Aussagekraft beschränkt sind.

In diesem Zusammenhang werden die Schüler Formulierungen geben, die darauf abzielen, daß die eine Mannschaft dreimal so gut sei oder dreimal so gut gespielt habe wie die andere.

Es muß ausgiebig diskutiert werden, daß die verlierende Mannschaft vielleicht sogar ein technisch schöneres Spiel geboten haben kann und die Tore durch unglückliche Umstände zustande kamen.

Die hier angesprochenen Qualitäten »spielerisch bessere oder schlechtere Mannschaft« werden in dem Modell mit den Torverhältnissen nicht voll erfaßt; denn diese sollen Aussagen über die Anzahl der Tore machen.
Dies Problem wird im Zusammenhang mit dem Maßstab wieder dort aufzugreifen sein, wo man feststellt, daß die Karte mit dem größeren Maßstab zwar in gewisser Weise genauer (Trennschärfe), aber für manche Verwendungen nicht unbedingt die bessere Karte ist. Es werden also auch hier durch die Darstellung im Modell (Maßstab) nur ganz bestimmte Qualitäten zum Ausdruck gebracht, während andere unberücksichtigt bleiben.
In einer Gegenüberstellung kann man verdeutlichen,daß Verhältnisse im Modell auch anders benutzt werden als in der Mathematik:

Modell (Torverhältnisse)	Mathematik (Verhältnisse)
Die Torverhältnisse 4:12 und 1:3 machen unterschiedliche Aussagen über den Spielverlauf bzw. über die Qualität einer Mannschaft.	Der Bruch $^4/_{12}$ kann gekürzt werden. $^1/_3$ ist Darstellung der gleichen Bruchzahl.
Das Torverhältnis 1:0 ist sinnvoll.	Der Bruch $^1/_0$ hat keinen Sinn.

Damit der neue Stoff der Verhältnisbildung nicht durch Schwierigkeiten im Vorstellungsvermögen unnötig kompliziert wird, ist es zweckmäßig, dem Vergleich der obigen Maße von 10 cm und 40 km die Untersuchung des Verhältnisses zweier überschaubarer Streckenlängen voranzustellen.
In Anlehnung an das gewählte Torverhältnis werden Strecken von 10 cm und 30 cm Länge gezeichnet und nach dem Verhältnis ihrer Längen gefragt.
Da die eine Strecke $^1/_3$ der Länge der anderen hat, kann das Längenverhältnis »10 cm zu 30 cm« durch die Bruchzahl $^1/_3$ dargestellt werden, und weil das »zu« durch einen Bruchstrich ersetzt werden darf, kann man den Sachverhalt folgendermaßen ausdrükken.

10 cm und 30 cm stehen im gleichen Verhältnis wie 1 und 3 oder: »10 cm zu 30 cm« ist das gleiche Verhältnis wie »1 zu 3«.

Dafür schreibt man $10 \text{ cm} : 30 \text{ cm} = 1:3$

oder $$\frac{10 \text{ cm}}{30 \text{ cm}} = \frac{1}{3}.$$

Da $\frac{1}{3} = \frac{10}{30}$ ist, erhält man $\frac{10 \text{ cm}}{30 \text{ cm}} = \frac{10}{30} = \frac{1}{3}$.

Nun läßt sich der Maßstab der vorgelegten Karte leicht bestimmen:

$$\frac{10\text{ cm}}{40\text{ km}} = \frac{10\text{ cm}}{4000000\text{ cm}} = \frac{1}{400000} = 1:400000$$

Schwierigkeiten bereitet erfahrungsgemäß die Umrechnung der Längen in andere Einheiten, was in Erinnerung gerufen und durch eine entsprechende Hausarbeit geübt werden muß.

Das Verhältnis $\frac{\text{Länge auf der Karte}}{\text{Länge in der Natur}}$ wird als Maßstab definiert.

Um den Begriff nicht nur formal einzuführen, sondern ihn auch mit Anschauung zu füllen, folgt eine auf das Rechenbeispiel bezogene Interpretation der Definition unter den folgenden Gesichtspunkten:

- 1 cm auf der Karte entspricht 400000 cm = 4 km in der Natur.
- Beim Maßstab 1:400000 werden alle Strecken in der Natur auf den 400000 ten Teil verkleinert.

Es ist günstig, nach der beispielhaften Bestimmung des Maßstabs 1:400000 zur Übung den Maßstab einer Wandkarte zu bestimmen, auf der die entsprechenden Daten abgedeckt wurden. Damit verbleibt die Karte Nr. 2 (ohne Maßstabsangabe) für die Hausarbeit, wobei man zugleich an beiden Karten Skalen zur Entfernungsbestimmung anbringen lassen kann.
Oft wird schon bei der qualitativen Einführung des Maßstabs über die Karten 1 und 2 von Schülern gesagt, die eine Karte habe einen größeren Maßstab als die andere. Diese Frage wird erst jetzt behandelt, nachdem der Maßstab als Bruch definiert ist und die Maßstäbe einiger Karten bestimmt sind.
Da auch dann die Schüler noch dazu neigen, den Maßstab mit dem größeren Nenner als größer anzusprechen, ist eine sorgfältige Klärung durch Größenvergleich der Brüche erforderlich, wobei man auch gut vorstellbare Brüche wie $1/2$ und $1/4$ zu Hilfe nehmen muß.
Wichtig ist eine Diskussion des Ergebnisses an Hand der Karten, wobei etwa festgestellt wird, daß bei zwei Karten gleicher Größe die Karte mit dem größeren Maßstab das kleinere Gebiet der Natur enthält.
Undefinierte Sprechweisen wie »größere Karte«, wobei nicht die Blattgröße gemeint ist, sollten wegen der Gefahr von Mißverständnissen vermieden werden.
Sofern die Brüche als Operatoren behandelt wurden, kann man auf diesem Wege natürlich auch den Maßstab einführen, was im Rahmen der vorliegenden Unterrichtseinheit auch erprobt wurde.
Wenn man die Zahlen des obigen Beispiels benutzt, würde es bedeuten, daß der Operator M im folgenden Zusammenhang gesucht wird:

$$40 \text{ km} \xrightarrow{M} 10 \text{ cm}$$

Der gefundene Bruchoperator wird als Maßstab definiert.
Dies ist zwar eine schöne Anwendung von Operatoren, man kommt aber nicht umhin, den Maßstab als Verhältniszahl zu deuten, wobei auf Beispiele wie das Torverhältnis zurückgegriffen werden müßte. Ganz abgesehen davon, daß dies gebräuchlich ist, kommt das Verhältnis zweier Zustände der Vorstellung mehr entgegen als die kompliziertere Dynamik des Operators.
Im Sinne des hier verfolgten Unterrichts, bei dem über die Anwendung (Maßstab) zugleich neuer Stoff des Faches Mathematik (Verhältnisse) eingeführt wird, ist der oben zuerst beschriebene Weg zur Einführung des Maßstabs als Verhältniszahl sinnvoller, was nicht ausschließt, daß man ihn anschließend auch als Operator deutet.

2.3 Die Bestimmung von Längen

Zur Bestimmung des Abstandes zweier Orte aus ihrer Entfernung auf der Karte bzw. umgekehrt, wird die Angabe des Maßstabs vorausgesetzt, so daß die Karten des Atlas' benutzt werden können. Hierbei sollten Karten vom Stadtplan bis zur Europakarte berücksichtigt werden, damit man als Abschluß zur Diskussion der Verwendung verschiedener Karten eine Vielfalt von Maßstäben zur Verfügung hat.
Die Bestimmung der wahren Länge einer Strecke der Karte bereitet bei vorgegebenem Maßstab nun keine Schwierigkeiten mehr.
Man beginnt in der näheren Umgebung etwa auf Karte 1 im Maßstab 1:400000 mit der Bestimmung der Luftlinie von Bremerhaven nach Bederkesa (4,5 cm auf der Karte) und erhält:
1 cm auf der Karte entspricht 400000 cm = 4 km in der Natur.
4,5 cm auf der Karte entsprechen $4{,}5 \cdot 4$ km = 18 km in der Natur.
Für den anderen Weg ergibt sich auf einer Karte von Norddeutschland im Maßstab 1:1.500000 für die Entfernung Bremerhaven–Kassel mit 260 km:
1.500000 cm = 15 km in der Natur entsprechen 1 cm auf der Karte
1 km in der Natur entspricht $^1/_{15}$ cm auf der Karte.
260 km in der Natur entsprechen $\frac{1 \cdot 260}{15}$ cm = $17^1/_3$ cm auf der Karte.

Man kann die drei Rechenwege dieses Zusammenhangs natürlich formelhaft ausdrükken: $M = \frac{K}{N}$; $N = \frac{K}{M}$ und $K = M \cdot N$, wobei M den Maßstab, K die Länge auf der Karte und N die Länge in der Natur bedeutet, und dies den Schülern als Schema I, II und III zur Verwendung geben.

Noch kürzer wäre eine Eselsbrücke in der Form 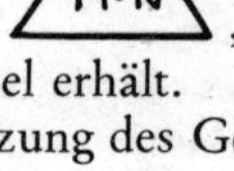

, wobei man durch Zudecken der gesuchten Größe die benötigte Formel erhält.
Vor einer Benutzung dieser formelhaften Verkürzung des Gedankenganges sei aus-

drücklich gewarnt: Sie bringt keinerlei Einsicht und Übung im Umgang mit Verhältnissen, ist nach kurzer Zeit wieder vergessen und erzeugt durch das Auftreten von Doppelbrüchen unnötige Schwierigkeiten.
Wenn hingegen der Schüler nur behält, welches Verhältnis der Maßstab angibt, können die Rechenwege mit Hilfe des Dreisatzschemas später verhältnismäßig leicht reproduziert werden.

2.4 Die Verwendung verschiedener Maßstäbe

Der Informationsgehalt kann aus zeichentechnischen Gründen im allgemeinen bei einer Karte mit großem Maßstab größer als bei einer Karte mit kleinem Maßstab sein. Dazu gehört, daß Einzelheiten genauer dargestellt werden (z. B. Wegführungen, Flußläufe, Stadtteile u.s.w.) und mehr Platz für Beschriftungen vorhanden ist.
Die Behandlung dieser Fragen (Trennschärfe, Generalisierung) hängt davon ab, inwieweit entsprechende Fragen schon in den vorhergehenden Unterricht eingeflossen sind.
Das Problem läßt sich mit folgender Aufgabenstellung anreißen, die direkt an die Längenberechnung anschließt:
Von verschiedenen Gruppen der Klasse soll die Länge der Luftlinie Bremerhaven–Bremen bestimmt werden.
Man erhält z. B. arbeitsteilig 55 km für den Maßstab
1:500000; 47 km beim Maßstab 1:4.500000 und 48 km beim Maßstab 1:6.000000.
Die Diskussion dieses zunächst erstaunlichen Ergebnisses sollte folgende Punkte ansprechen:

- Die Genauigkeit beim Zeichnen bzw. Messen auf Karten kleineren Maßstabs ist geringer, da schon kleine Abweichungen große Entfernungen in der Natur darstellen. (Was bedeutet es, wenn man sich jeweils auf einer Karte im Maßstab 1:500000 oder 1:6.000000 um 1 mm vermißt?)
- Mit wachsender Größe des Maßstabs läßt sich eine größere Trennschärfe erreichen. (Beim Maßstab 1:500000 können z. B. Stadtteile in Bremerhaven und Bremen unterschieden werden, und man weiß ohne Absprache nicht, welche Meßpunkte man bei der Bestimmung der Luftlinie zugrunde legen soll.)
- Die Karte mit der größeren Trennschärfe ist nicht unbedingt die bessere. (Der Maßstab richtet sich nach dem Verwendungszweck: Stadtplan 1:25000 (Meßtischblatt), Wanderkarte 1:50000, Radwanderkarte 1:100000, Autokarte von Deutschland 1:1000000.)

3. Winkel – Himmelsrichtungen

3.1 Himmelsrichtungen und Kompaß

Ausgangspunkt ist die Frage, was bei Karten desselben Gebietes in verschiedenen Maßstäben (z. B. bei Vorliegen von Karte 1 und 2) verschieden ist und was auf ihnen gleich bleibt.
Als Hilfestellung kann untersucht werden, wie auf beiden Karten die Straße oder Eisenbahnlinie vom Heimatort nach einer benachbarten Stadt verläuft.
Der Weg sollte möglichst geradlinig sein und in eine der vier Haupthimmelsrichtungen weisen.
Bei der Erprobung wurde die Strecke Bremerhaven–Cuxhaven gewählt, und die Schüler stellten fest, daß die Wege bedingt durch die Maßstäbe verschieden lang erscheinen, daß aber Cuxhaven auf beiden Karten nördlich von Bremerhaven liegt und somit Richtungen bei Maßstabsänderung erhalten bleiben.
Es ist den Schülern aus dem Erdkundeunterricht bekannt, daß die Nordrichtung zum oberen Blattrand der Karten verläuft, und es bedarf nur einer Frage, dies allen in Erinnerung zu rufen (»Norden ist immer oben.«)
Ebenso kann man von einem Schüler die Windrose anzeichnen lassen, wobei man nur darauf achten muß, daß wegen der späteren Verwendung von Winkeln nicht das sternförmige Modell , sondern die einfache Darstellung  benutzt wird.
Es bedarf einer Klärung, inwieweit die Unterteilung der Windrose bekannt ist.
Jeder Schüler kann ohne Benutzung des Winkelmessers eine Windrose herstellen, indem er ein quadratisches Stück Papier in den Symmetrieachsen faltet  und beschriftet.
Dies Modell läßt sich als Vorübung für den Umgang mit dem Kompaß benutzen. Dabei wird eine Himmelsrichtung vorgegeben und damit die Richtungen bestimmt, in denen man bestimmte Objekte sieht.
Zur Arbeit mit dem Kompaß geht man am besten auf den Schulhof. Hier lassen sich nach einem Gespräch über Bau und Verwendung des Gerätes z. B. folgende Arbeitsanweisungen geben:
- Dreht Euch alle so, daß Ihr nach Norden seht.
- Dreht den Kompaß so, daß die Nordrichtung auf das N der Skala zeigt.
- In welcher Richtung sehen wir jetzt die Schule, den Kirchturm, die Sonne, u.s.w.?
- Lauft jetzt alle in Richtung Osten, schwenkt nach Süden, u.s.w..
- In welcher Richtung sehen wir jetzt das Schulgebäude? (Abhängigkeit der Richtungsangaben vom Standort)

Die folgenden Aufgaben sollen den Umgang mit Himmelsrichtungen und Kompaß im Zusammenhang mit Landkarten üben:

1. Gegeben ist ein (konstruierter) Stadtplan im Maßstab 1:25 000.

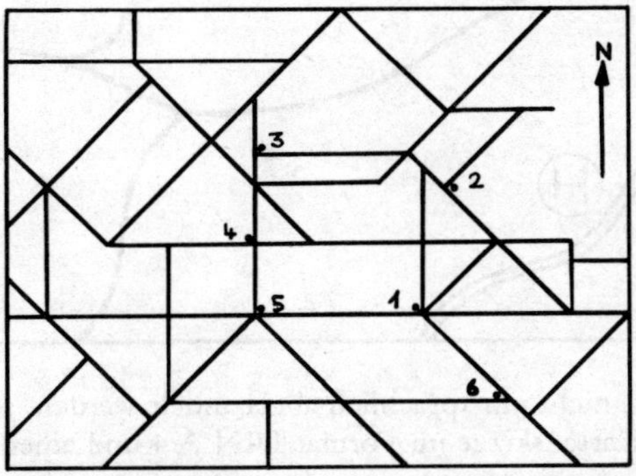

1 Bahnhof
2 Post
3 Kirche
4 Denkmal
5 Wasserturm
6 Krankenhaus

Ein Spaziergänger geht vom Bahnhof 250 m nach NO, dann 300 m nach NW, 100 m nach SW, 300 m nach W, 150 m nach S, 350 m wieder nach W, 500 m nach NO, 525 m nach S, 300 m nach SO und 400 m nach O.
Wo befindet er sich dann?
In welcher Richtung sieht er den Bahnhof?
In welcher Richtung wird sein jetziger Standort vom Bahnhof aus gesehen?
Diese Aufgabe hat noch den Vorteil, daß auch die Längen auf der Karte über den gegebenen Maßstab berechnet werden müssen.

2. In welcher Richtung liegt Oldenburg von Bremerhaven aus?
   In welcher Richtung liegt Cuxhaven von Wilhelmshaven aus?

Diese Aufgaben lassen sich gut ohne Kompaß bearbeiten, wobei eine Windrose im jeweiligen Standort mit der Nordrichtung zum oberen Blattrand fixiert gedacht ist.
Man kann aber auch einen Kompaß auf den Standort legen und die Karte nach Norden ausrichten (Einnorden).
Dabei erhält man dann nicht nur die gewünschten Himmelsrichtungen relativ zur Karte, sondern hat gleichzeitig eine Übung im Abschätzen der Richtungen benachbarter Ortschaften, was durch Hinweisen aller Schüler mit den Armen unterstützt werden kann.

3. Ein Schüler hat sich im Wald verlaufen und stößt auf eine gewaltige Eiche, die er auf seiner Wanderkarte (Maßstab 1:50 000) eingezeichnet findet.

Wie kann er mit seinem Kompaß zur ebenfalls eingezeichneten Bushaltestelle an der Landstraße kommen, und wie weit ist es bis dorthin (Luftlinie)?

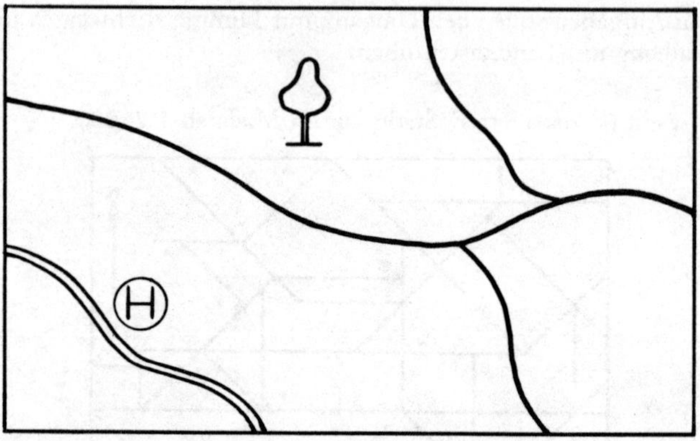

Diese Aufgabe sollte nicht nur sprachlich abgehandelt werden, sondern die Schüler müßten solch eine Kartenskizze im Format DIN A 4 und einen Kompaß erhalten.

4. Als Hausaufgabe eignet sich folgendes in seinem Inhalt mehr scherzhaftes Problem:

Ein Jäger bricht von seinem Zelt aus in südlicher Richtung zur Jagd auf, entdeckt eine Tierfährte und folgt ihr genau nach Westen.
Als er nach einiger Zeit in Richtung Norden schaut, sieht er, wie sich das verfolgte Tier an seinem Zelt zu schaffen macht. Was für ein Tier ist es?
Sofern dies noch nicht bei der Einführung des Kompasses geschehen ist, kann die besondere Situation am Nordpol dazu genutzt werden, die Wirkungsweise des Kompasses im erdmagnetischen Feld zu untersuchen.

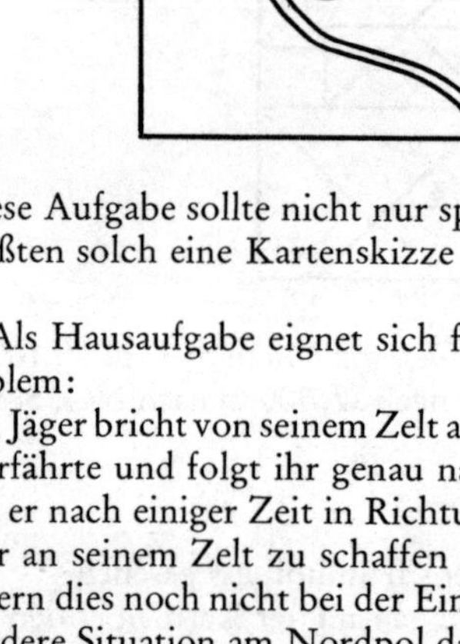

Das nebenstehende Gerät (Globus mit durchgestecktem Stabmagneten) simuliert das Erdfeld und unterstützt damit die Betrachtungen sehr; denn man kann jetzt mit einem Taschenkompaß das Feld auf dem Globus abfahren.
Auf die benötigten Geräte wurde unter 1. verwiesen.

3.2 Drehungen und Winkel

Nachdem in 3.1 Richtungsunterschiede ohne eine explizite Einführung des Winkelbegriffs betrachtet wurden, soll jetzt der mehr dynamische Gesichtspunkt zum Tragen kommen und der Winkelbegriff über Drehungen der Kompaßnadel eingeführt werden.

Die Erprobung zeigte, daß sich bei dieser auf Anwendungen bezogenen Sichtweise selbst solche Schüler nicht langweilten, die schon Vorkenntnisse im Umgang mit Winkeln hatten. Hier muß man allerdings nach der Klassensituation abschätzen, welchen Umfang der systematische Teil über Winkel (Klassifikation, Benennung, Messung, Umgang mit dem Geodreieck) haben muß.

Die Schüler erhalten Aufgaben folgender Art, die stehend mit dem Kompaß in der Hand zu bearbeiten sind:

1. Stellt euch mit dem Gesicht nach Norden und haltet den Kompaß so, daß die Nordrichtung der Nadel auf das N der Skala zeigt. Haltet den Kompaß so fest und dreht Euch mit dem ganzen Körper bis die Nadel wieder auf N zeigt.
   Der Begriff »Volldrehung« wird eingeführt.
2. Führt aus der Nordrichtung eine Halbdrehung durch.
   In welche Richtung schaut Ihr?
3. Dreht Euch aus der Nordrichtung nach Westen.
   Wenn man in der Anweisung keinen Drehsinn angibt, ergeben sich die beiden Möglichkeiten der Vierteldrehung und der Dreivierteldrehung.

In der Diskussion dieses letzten Falles kann man die Frage aufwerfen, wie man jemandem zeichnerisch mitteilen kann, welche der beiden Drehungen man ausgeführt hat.

Es ergeben sich die Darstellungen  und 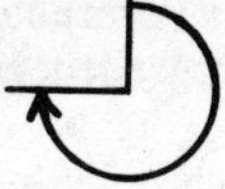 und für den allgemeinen Fall  .

Wir schlagen vor, an Hand dieser Zeichnungen zu erklären, was unter einem Winkel verstanden werden soll.

Es empfiehlt sich nicht, eine der üblichen exakten Winkeldefinitionen zu geben; der optische Eindruck dieser Zeichnungen wird unterstützt durch die dabei vorgestellte Drehbewegung und ist so für die Schüler eindeutig und klar genug.

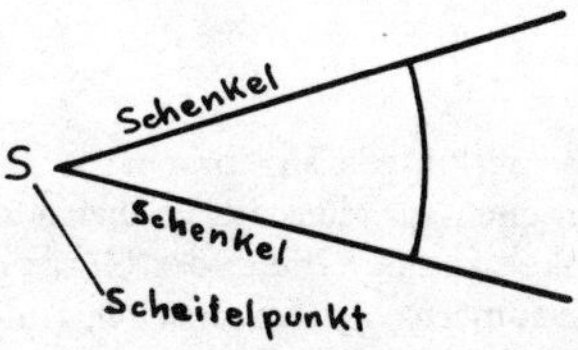

Wichtiger als ein leerer oder unvollständiger theoretischer Überbau ist es, Mißver-

ständnisse auszuräumen, die durch den umgangssprachlichen Begriff »Winkel« als »finstere Ecke« entstehen können.
Dazu gehört, daß man etwa im Klassenraum untersucht, was Winkel, Ecken oder Kanten sind.
In Form einer Tabelle kann nun die Bezeichnung und Zuordnung von Winkeln geschehen:

Drehung mit dem Kompaß		Winkel	
Nulldrehung	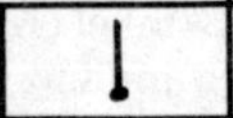	Nullwinkel	
Vierteldrehung		rechter Winkel	
Halbdrehung		gestreckter Winkel	
Volldrehung		Vollwinkel	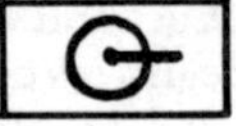

Ausgehend von der Gradskala auf dem Kompaß wird nun die Winkelmessung und der Umgang mit dem Geodreieck behandelt. In diesem Zusammenhang werden auch die Begriffe spitzer, stumpfer und überstumpfer Winkel eingeführt.
Die Größe von z. B. spitzen Winkeln als Maß für den Richtungsunterschied der Schenkel kann dargestellt werden durch »zwischen 0° und 90°« oder »$0° < \alpha < 90°$«.
Einige Schüler neigen zu den Formulierungen wie »von 1° bis 89°«.
Man sollte diese Gelegenheit ergreifen, auf die Unterteilung von 1° hinzuweisen (Minuten, Sekunden).[11]
Die Notwendigkeit einer solchen Verfeinerung – etwa für Entfernungen, die in der Seefahrt eine Rolle spielen – kann den Schülern mit einer Aufgabe deutlich gemacht werden:

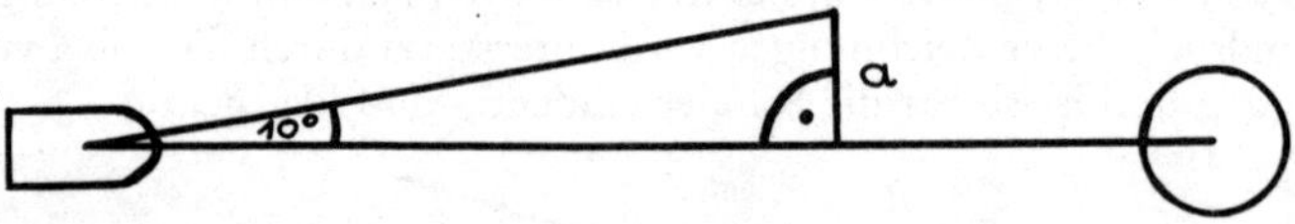

[11] Hier sind einige historische Bemerkungen angebracht:
1. »Grad« stammt vom lateinischen »gradus« für »Schritt« oder »Stufe«.
2. Die Einteilung des Vollwinkels in 360 Grade, des Grads in 60 Minuten und der Minute in 60 Sekunden geht auf den sumerisch-babylonischen Kulturkreis (3. und 2. Jahrtausend v. Chr.) zurück, wo ein Sexagesimalsystem benutzt wurde, in dem also die Zahl 60 eine Grundzahl war.

Ein Schiff soll in Richtung eines Leuchtturmes fahren. Der Steuermann versieht sich um 10°.
Wie weit ist das Schiff nach 10 km von der beabsichtigten Fahrtroute abgewichen?
Fertige eine Zeichnung im Maßstab 1:100000 an und lies daraus die Abweichung a ab.
Sie beträgt ungefähr 1800 m, und der Lehrer kann den Schülern mitteilen, daß sich für einen Kursfehler von 1° auf 10 km eine Abweichung von 180 m ergibt, was bei noch größeren Entfernungen von Bedeutung sein kann.
Die Größenverhältnisse lassen sich auf dem Schulhof demonstrieren: Analog zur obigen Zeichnung wird eine 10 m lange Grundlinie bestimmt und mit einem Geodreieck und einer Schnur ein Winkel von 10° gelegt. Es ergibt sich eine Abweichung $a \approx 1{,}8$ m, deren zehnter Teil das Legen eines Winkels von 1° gestattet, wodurch auch hier eingesehen werden kann, daß kleine Winkel über größere Entfernungen beachtliche Abweichungen ergeben.
Das Auffinden der richtigen Winkel und ihre Messung oder Konstruktion wird in den folgenden Aufgaben geübt:
Ein Schiff ändert seinen Kurs von Ost auf Südost. Welcher Drehwinkel gehört zu dieser Richtungsänderung?
Von vielen Schülern wird fälschlich der Winkel α (siehe Zeichnung) als Winkel der Richtungsänderung angegeben. Die Angabe der Himmelsrichtungen erleichtert das Auffinden des richtigen Winkels.
Eine Hinführung zur Lösung kann in drei Bildern geschehen:

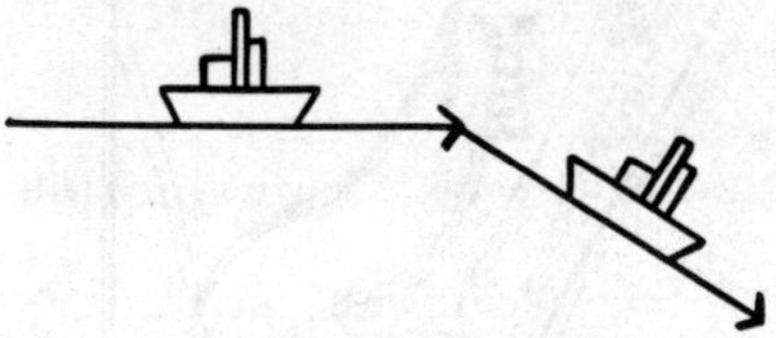

1. Die Fahrtroute des Schiffes.

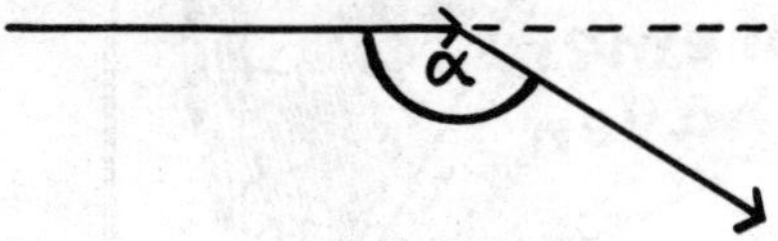

2. Zur wirklichen Route wird die Route ohne Kursänderung gestrichelt eingezeichnet.

3. Ein Stück Kreide, welches das Schiff darstellen soll, wird mit einem Ende im Scheitelpunkt gedreht und markiert dabei den gesuchten Winkel.

Nach dieser Vorübung können folgende Probleme bearbeitet werden:

1. Ein Schiff ändert seinen Kurs. Bestimme die Kursänderung.

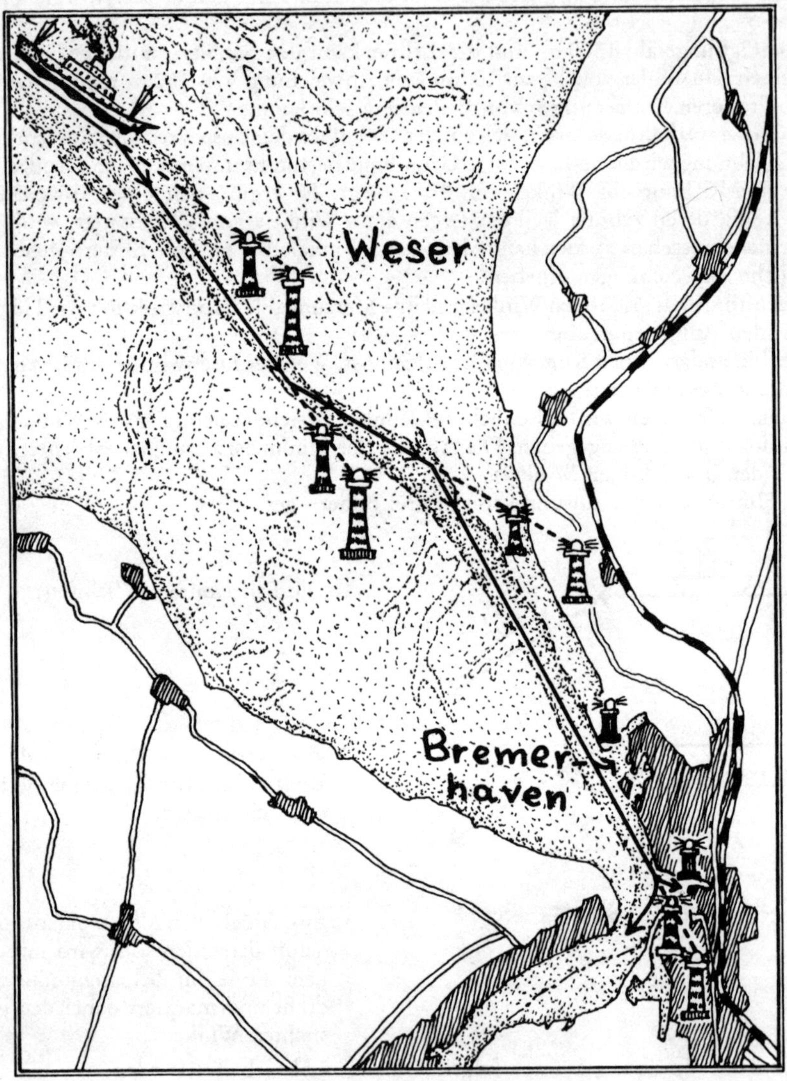

2. Ein Schiff läuft aus der Nordsee kommend in die Wesermündung ein und muß wegen des Verlaufs der Fahrrinne öfter seinen Kurs ändern. Gib anhand der Kartenskizze die Größe der verschiedenen Drehwinkel an.

Es gibt Atlanten, die derartige Flußeinfahrten enthalten. Da aber die fast vollständige Befeuerung und andere Seezeichen eingezeichnet sind, wird der Schüler anfänglich verwirrt. Entweder man vervielfältigt nur eine Skizze wie oben oder man führt eine Vorklärung auf einem vereinfachten Bild auf dem Schreibprojektor durch und benutzt dann den Atlas.

Beim letzten Aufgabentyp über Winkel werden die Schüler mit orientierten Winkeln bekannt gemacht. Bei der Auszeichnung eines Drehsinns ist man in einer mißlichen Lage: Von der Mathematik her möchte man gegen den Uhrzeigersinn messen. Die Kompaßskala ist aber entgegengesetzt orientiert, und man kommt daher nicht umhin, im Uhrzeigersinn zu arbeiten. Man betrachte z. B. Karte 2 und wähle Bremerhaven als Standort.

Liegt Cuxhaven genau im Norden?

Um wieviel Grad weicht Cuxhaven von der Nordlinie ab?

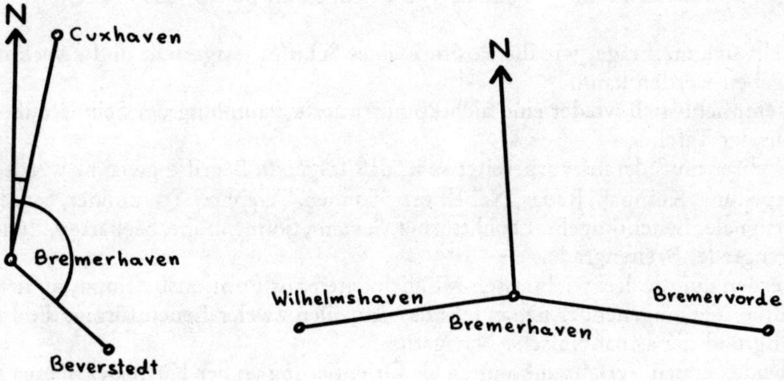

Die Nordrichtung wird, von Bremerhaven ausgehend, in die Karte eingezeichnet, ebenso die Verbindungen von Bremerhaven nach den Orten, deren Abweichung von der Nordlinie bestimmt werden soll.

Beim ersten überstumpfen Winkel geben die Schüler zuerst den Ergänzungswinkel zu 360° an. Hier ist die Gelegenheit, sie von der Zweckmäßigkeit der orientierten Winkel zu überzeugen. Man wähle dazu zwei Orte, deren zugehörige Schenkel etwa spiegelbildlich zur Nordlinie liegen wie Wilhelmshaven und Bremervörde in der Zeichnung.

Nach diesen Aufgaben kann man die Schüler von der Vorstellung lösen, daß die Nordrichtung immer parallel zum linken Kartenrand verläuft. Es wird eine Karte mit hinreichend kleinem Maßstab gewählt (z. B. eine Europakarte im Maßstab 1:18000000), bei der sich die Abstände zweier Längenkreise nach Norden verringern und Längenkreise in den Randbezirken stark von der Richtung des linken Randes abweichen. Es genügt, an dieser Stelle ein Gefühl dafür zu wecken, daß die soeben dargestellten Beobachtungen von der Kugelgestalt der Erde herrühren[12] und daß man auf einer derartigen Karte das oben geübte Verfahren zur Bestimmung der Abweichung von der Nordrichtung nur in einem hinreichend kleinen Raum benutzen kann, wobei man die Richtung eines zentralen Längenkreises als Nordrichtung festgelegt. Mit diesen Beobachtungen wird schon zum Inhalt des folgenden Kapitels übergeleitet.

4. Die Erde als Kugel

4.1 Positionsbestimmung auf der Erde

Ausgangspunkt kann die Geschichte von einem Schiff bilden, das in Seenot geraten ist.
Es stellt sich die Frage, wie die Position eines Schiffes festgestellt und zweckmäßig angegeben werden kann.
Hier empfiehlt sich wieder eine nichtkommentierte Sammlung der Schüleräußerungen an der Tafel.
Der Lehrer muß darauf vorbereitet sein, daß folgende Begriffe genannt werden: Funkpeilung, Kompaß, Radar, Nebelhorn, Tonnen, Telephon, Sternbilder, Satelliten, Lichtsignale, Leuchtkugeln, Leuchttürme, Sextant, Sonnenhöhe, Seekarten, Echolot, Längengrade, Breitengrade.
Es werden nur die drei wichtigsten Möglichkeiten zur Positionsbestimmung herausgegriffen und eingehender behandelt: das Anpeilen zweier Leuchttürme, die Funkpeilung und die astronomische Navigation.
Die beiden ersten Verfahren könnten als Orientierung an der Küste bezeichnet werden. Da ihnen das gleiche mathematische Prinzip zugrunde liegt, genügt es, genauer nur das Anpeilen zweier Leuchttürme (terrestrische Navigation) und die astronomische Navigation zu besprechen.

1. Die Erläuterung der terrestrischen Navigation kann in drei Schritten erfolgen:
   a) Der Kompaß allein zeigt nur, in welche Richtung das Schiff fährt, nicht, wo es sich befindet. Bei gegebenem Kurs ist noch jeder beliebige Punkt als Schiffsposition möglich.

---

[12] Natürlich hängt dies auch von der Art der Projektion ab. Die Mercatorprojektion zeigt z. B. diese Mängel nicht. Es wäre aber verfehlt, dies hier mit den Schülern zu erörtern.

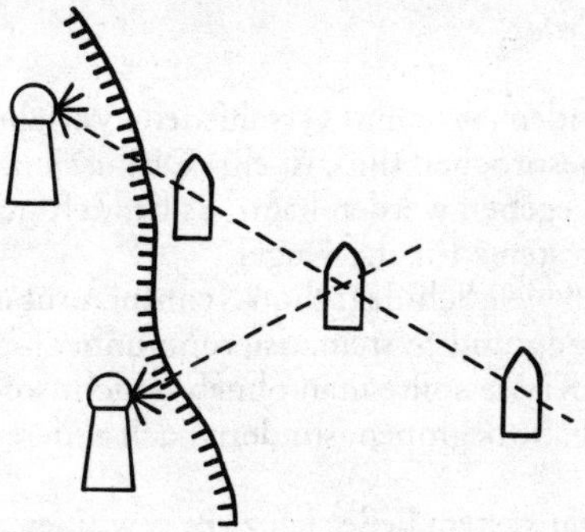

b) Wenn man das Licht eines Leuchtturmes sieht, dessen Lage man kennt, und einen Kompaß hat, kann man eine Gerade in die Seekarte einzeichnen, auf der sich das Schiff befinden muß.

c) Mit zwei Leuchttürmen und einem Kompaß läßt sich die Position als Schnittpunkt zweier Geraden (innerhalb der Meßgenauigkeit) genau angeben.

(Bei der Funkpeilung, die nach dem gleichen Prinzip arbeitet, führt man häufig eine Kontrollmessung mit einem dritten Sender durch. Als Schnittfigur der drei Geraden ergibt sich i. a. ein Dreieck, wodurch der Fehler der Positionsbestimmung besser eingegrenzt wird.)

2. Für die astronomische Navigation muß der Schüler erkennen, daß der Winkel, unter dem man einen Stern sieht, für verschiedene Punkte der Erdoberfläche zum gleichen Zeitpunkt verschieden groß ist, daß man also umgekehrt aus dem Winkel auf die Position schließen kann.

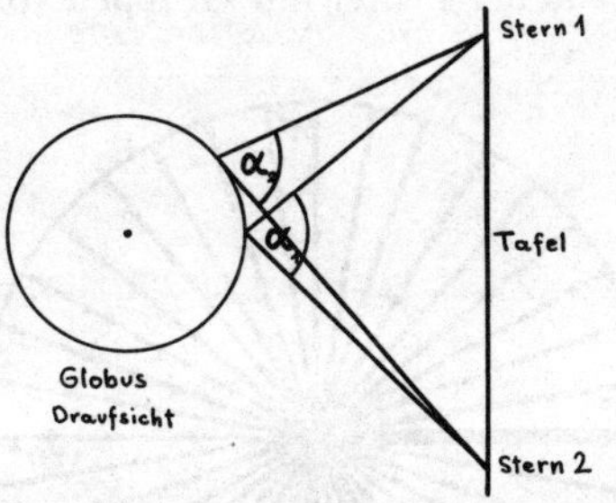

Um das Prinzip zu erkennen, läßt sich ein einfaches Experiment durchführen: Auf der Wandtafel werden zwei Sterne festgelegt und ein Globus (am besten ein Schreibglobus) davorgestellt. Mit Klebestreifen kann man Schnüre in den Sternpunkten an der Tafel und in zwei Punkten des Globus befestigen und die Winkel α_1 und α_2 mit dem Tafel-Geodreieck messen.

Wenn die Punkte geeignet gewählt sind, läßt sich auch bei der geringen Meßgenauigkeit ein deutlicher Unterschied der Winkelgrößen feststellen.
Es genügt zu erklären, daß für bestimmte Gestirne die Winkel in Tabellenwerken angegeben sind und man dort die Position ablesen kann.

4.2 Das Gradnetz der Erde

Nachdem im vorhergehenden Abschnitt verschiedene Verfahren zur Bestimmung des Standortes auf der Erde besprochen sind, ist eine Diskussion darüber nötig, wie diese Position zweckmäßig angegeben werden kann. Es handelt sich also um die Entwicklung eines Koordinatensystems für die Kugel.

Die Erprobung zeigte, daß viele Schüler schon Kenntnisse über das Gradnetz der Erde hatten, aber eine Vertiefung und Systematisierung unbedingt erforderlich war.

In einer leistungsfähigen Klasse sollte man ohnehin nicht sofort mit der Behandlung der üblichen Positionsangabe beginnen, sondern nach anderen Möglichkeiten suchen lassen.

Ein erdeigenes Koordinatensystem ließe sich z. B. gewinnen aus der gewohnten Längenkreisangabe in Grad und dem Abstand von Äquator oder Pol in km. Zur Behandlung des Gradnetzes kann man drei Modelle benutzen, von denen jedes eine besondere Funktion hat.

1. Der in Abschnitt 1 schon genannte durchsichtige Globus, der zur Demonstration von geographischer Länge und Breite geeignet konstruiert ist und als dreidimensionales Schnittmodell eine gute Veranschaulichung gibt.
2. Ein selbstgefertigtes Pappmodell, bei dessen Konstruktion sich der Schüler in das Problem hineindenken muß, das wegen seiner nur andeutungsweisen Darstellung der Kugel das Vorstellungsvermögen schult und die Möglichkeit zu Selbsttätigkeit und Partnerarbeit gibt.
3. Folien auf dem Schreibprojektor, die an die übliche zweidimensionale Darstellung des Gradnetzes gewöhnen und an denen eine Zusammenfassung geschehen kann.

Als vorbereitende Hausaufgabe stellen die Schüler zwei Kreisscheiben aus heller Pappe mit dem Durchmesser 20 cm her. Während der Lehrer mit Gruppen von je-

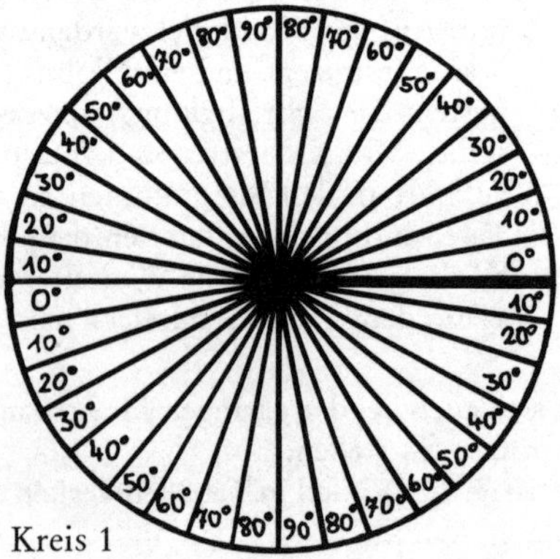

Kreis 1

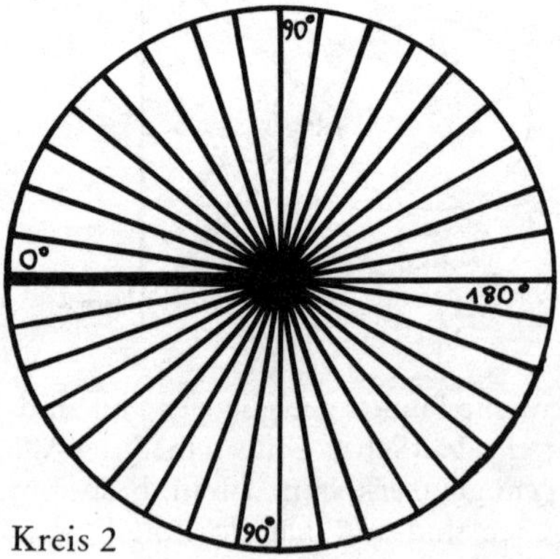

Kreis 2

weils etwa 5 Schülern an dem Modell zur Demonstration der geographischen Länge und Breite arbeitet, zeichnen die übrigen Schüler auf ihren Pappscheiben Gradeinteilungen nach einer Arbeitsanweisung, die z. B. an der Tafel festgehalten ist:
Unterteile beide Kreise in Abständen von 10° und beschrifte sie wie in der Zeichnung (Kreis 1 anders als Kreis 2).
Schneide beide Kreise an der stark ausgezogenen Linie vom Rand bis zur Mitte ein und stecke die Scheiben an den Schnittlinien aufeinander.
Mit dem fertigen Modell können entweder von der Klasse gemeinsam oder besser noch in Partnerarbeit Aufgaben folgender Art bearbeitet werden:

1. Zeige im Modell einen Punkt der Erde mit der geographischen Breite 30° und der Länge 20°.

Sofern es noch nicht deutlich genug bei der Arbeit in kleinen Gruppen am oben genannten durchsichtigen Globus herausgearbeitet wurde, ist hier eine günstige Gelegenheit, die Notwendigkeit einer Unterscheidung von nördlicher und südlicher Breite und östlicher und westlicher Länge einzusehen.

2. Zeige im Modell die ungefähre Lage von Berlin mit 52° nördl. Breite und 13° östlicher Länge usw.[13]

Abschließend kann eine kurze Zusammenfassung an zwei Folien geschehen, die aufeinandergelegt das Gradnetz wiedergeben.

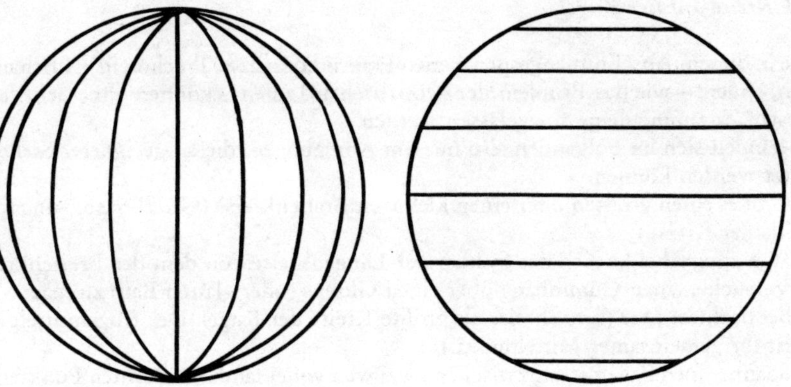

Indem man den mittleren Meridian mit verschiedenen Gradzahlen versieht (z. B. 0°, 180°, 30° östl. Länge, usw.) und die übrigen beschriften läßt, kann man verschiedene Ausschnitte der Erdoberfläche betrachten und Positionsbestimmungen durchführen.

[13] Hinreichend viele Ortsangaben findet man z. B. in math. Tafelwerken für die Schüler.

Damit die Schüler nicht auf die äquatorständige Sichtweise fixiert werden, können zusätzlich zwei Folien mit einer polständigen Projektion des Gradnetzes für die beschriebenen Aufgaben benutzt werden.

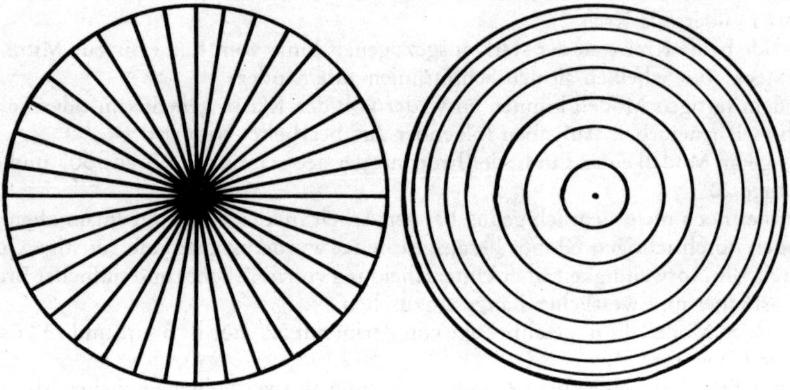

4.3 Kreise auf der Kugel

Die in diesem Abschnitt angesprochenen Fragen können z. T. schon in 4.1 behandelt sein, andere – wie das Problem der geodätischen Linien – können ohne Schaden in diesem Zusammenhang fortgelassen werden.
Es handelt sich im Folgenden also nur um Anregungen, die an geeigneter Stelle benutzt werden können.

1. Gibt es einen größten oder einen kleinsten Breitenkreis? (Großkreise, »unendlich kleiner Kreis«)
2. Wie unterscheidet sich das System der Längenkreise von dem der Breitenkreise?
3. Versuche, einen Gummiring über einen Globus (oder glatten Ball) zu legen. Was beobachtest Du? (Großkreise als größte Kreise der Kugel. Der Kugelmittelpunkt ist ihr gemeinsamer Mittelpunkt.)
4. Spanne einen Faden straff zwischen zwei weit voneinander entfernten Punkten auf einem Breitenkreis. Wiederhole dies für Punkte auf anderen Breitenkreisen – auch für den Äquator. Wie verläuft jeweils der Faden, und was bedeutet dieser Verlauf? (Die kürzeste Verbindung zweier Orte auf der Kugel ist Teil eines Großkreises und nur beim Äquator Teil eines Breitenkreises.)

4.4 *Kartenprojektion*

Wegen der hohen mathematischen Anforderungen ist eine genauere quantitative Behandlung von Kartenprojektionen in der Schule nicht möglich. Man kann aber auf experimentellem Wege Verständnis für die großen Schwierigkeiten wecken, die sich bei der Abbildung der Kugeloberfläche in die Ebene ergeben.
Es handelt sich bei den Inhalten dieses Abschnittes um zusätzlichen Stoff, der in großen oder unruhigen Klassen besser fortgelassen wird, da es sich zumeist um Lehrerexperimente handelt, an denen nur wenige Schüler tätig beteiligt werden können.
Folgende Versuche lassen sich durchführen:
1. Schüler stellen aus Papier einen Zylinder- und Kegelmantel her. Die Oberflächen werden mit Farbtupfen versehen, und man kann an der Spur der frischen Farbe das Abwickeln auf einer ebenen Fläche verfolgen. Anschließend werden die Mantelflächen wieder aufgeschnitten und in die Ebene gelegt.
Was geschieht mit einem größeren Stück Apfelsinenschale, wenn man es auf eine ebene Fläche drückt?
Vergleiche die Kugeloberfläche mit dem Zylinder- und Kegelmantel.
2. Auf einer Halbkugel aus Plastik oder Glas[14] werden auf einem Längenkreis vom Äquator zum Pol in gleichen Abständen Punkte markiert.

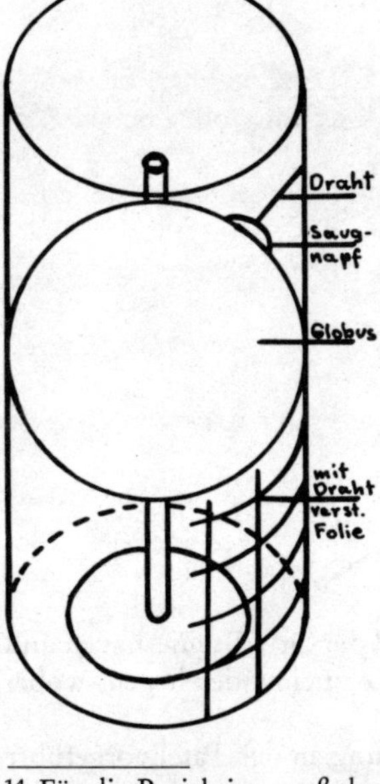

Die Projektion mit dem Tageslichtschreiber ergibt deutlich zum Pol hin wachsende Abstände.
Am folgenden Modell lassen sich wesentliche Eigenschaften der Mercatorprojektion demonstrieren. Um einen Globus wird ein durchsichtiger Zylindermantel so gelegt, daß er am Äquator berührt. Wegen ihrer Steifigkeit eignet sich mit Draht verstärkte Plastikfolie gut, zumal diese auch noch ein Quadratraster für die folgenden Messungen bietet. Durch eine Unterlage muß die Erdachse senkrecht zur Tischebene aufgerichtet werden.
Die Projektion geschieht durch Strahlen, die man sich vom Erdmittelpunkt kommend denkt. Sie werden durch Drahtstücke verschiedener Länge simuliert, die man in einen Saugnapf (Handtuchhalter, aus dem der Haken entfernt wurde) steckt, der auf dem zu projizierenden Punkt der Erde befestigt wird (siehe Zeichnung).

[14] Für die Projektion muß das Material hinreichend dünn sein.

Dadurch wird die Bedingung, daß die Projektionsstrahlen senkrecht auf der Erdoberfläche stehen müssen, gut erfüllt, und durch die verschiedene Länge der Drähte können die Strahlen jeweils bis an den Zylindermantel geführt werden, wo man den »Anstoßpunkt« als Bild des entsprechenden Punktes der Erdoberfläche markiert.
Man stellt z. B. fest, daß Grönland bei diesem Verfahren etwa die gleichen Ausdehnungen erhält wie Afrika.
Falls in der Schule eine Mercator-Erdkarte als Wandkarte vorhanden ist, kann diese als Ergebnis einer soeben beschriebenen Projektion betrachtet werden. Neben der Längen- und Flächenverzerrung wird als wichtige Eigenschaft die Winkeltreue gefunden.

5. Das Zeichnen von Landkarten

In diesem Abschnitt wird kein neuer Mathematiklehrstoff eingeführt. Es handelt sich vielmehr um Übungen im Umgang mit dem Maßstab und Winkeln. Dazu lernen die Schüler Techniken zum Abzeichnen, Vergrößern und Verkleinern von Landkarten kennen und erfahren, wie man vorgegebene Blattgrößen sinnvoll ausnutzt.

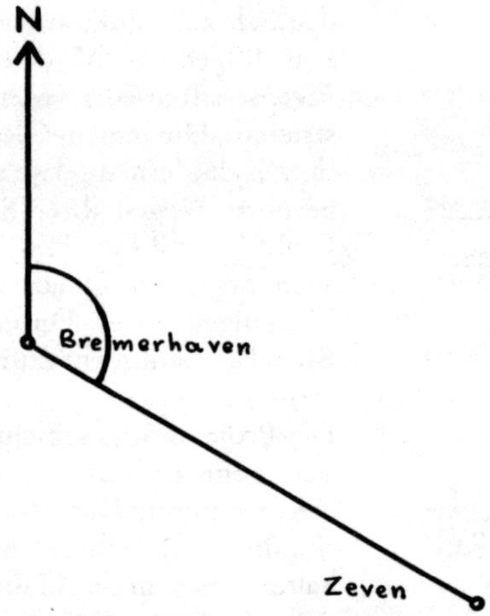

Als Vorübung wird die Aufgabe gestellt, z. B. von Karte 2 die Orte Bremerhaven und Zeven so ins Heft zu übertragen, daß sie wie in der Karte zueinander liegen, wobei Norden oben ist.
Die Lösungsvorschläge können in zehnfacher Vergrößerung an der Tafel vorgeführt werden.

Man geht in folgenden Schritten vor:
a) Festlegen von Bremerhaven an der Tafel.
b) Einzeichnen der Nordrichtung von Bremerhaven aus.
c) Einzeichnen des Winkels zwischen der Nordrichtung und der Linie Bremerhaven – Zeven.
d) Übertragen der Strecke (Maßstab) Bremerhaven – Zeven.
Die Arbeit an der Tafel ergibt sogleich für das spätere Vergrößern bzw. Verkleinern von Karten, daß die Winkel erhalten bleiben und die Entfernungen in einem bestimmten Verhältnis gestreckt bzw. gestaucht werden.
Mit diesen Kenntnissen können die folgenden Aufgaben bearbeitet werden, wobei man vom Inhalt und Umfang her eine der jeweiligen Klasse angemessene Auswahl treffen muß.
1. Vergrößere die Karte 2, so daß alle Längen verdoppelt werden.
Übertrage in Deine Karte nur die Ortschaften.
Welchen Maßstab hat Deine neue Karte?
Vergleiche die von der alten und von der neuen Karte eingenommenen Flächen.
Bei der Aufgabenstellung müssen die Schüler angehalten werden, den Platzbedarf abzuschätzen und einen Ort in der Nähe des Diagonalenschnittpunktes (in Karte 2 Osterholz–Scharmbeck) als Zentrum festzulegen und dort die benötigte Nordlinie einzutragen.
Entsprechend kann man eine Karte aus dem Atlas etwa im Verhältnis 3:1 verkleinern lassen.
2. Eine sehr schwere Aufgabe, die nur von leistungsfähigen Klassen oder einzelnen Schülern bei innerer Differenzierung bearbeitet werden kann, ist diese: Übertrage den Ausschnitt aus Karte 2, der durch Cuxhaven im Norden, Stade im Osten, Bremervörde im Süden und Wilhelmshaven im Westen gegeben ist, möglichst groß auf ein DIN A 4-Blatt. (Übertrage nur die Orte.)
Welchen Maßstab hat Deine neue Karte?
3. In Berlin sei eine Nordlinie angetragen. Von einigen Städten ist die Abweichung von dieser Nordlinie und die Entfernung (Luftlinie) von Berlin angegeben: Stettin (37°; 135 km), Frankfurt a. d. Oder (101°; 85 km), Cottbus (141°; 110 km), Leipzig (208°, 145 km), Halle (221°; 149 km), Magdeburg (251°; 125 km), Wittenberg (296°; 122 km), Neubrandenburg (356°; 116 km).
Zeichne aus diesen Angaben eine Karte auf einem DIN A4-Blatt. Überlege, wie Du das Blatt günstig legst, wo der Punkt für Berlin festgelegt werden soll und welchen Maßstab Du wählen mußt, damit das Blatt gut ausgenutzt wird.
Die Aufgabe erfordert eine gründliche Vorbesprechung an der Tafel.
Die Lösung kann in zwei Schritten erfolgen:
a) Die Zeichnung wird in kleinerem Maßstab 0,5 mm ≙ 1 km im Heft und 0,5 cm ≙ 1 km an der Tafel ohne besondere Genauigkeitsanforderung ausgeführt.
b) Nachdem bekannt ist, welche Maße das zur Darstellung der obigen Angaben erforderliche Rechteck hat, kann überlegt werden, in welchem Maßstab man es auf das

DIN A4-Format übertragen kann. Man sollte für den Maßstab nicht die maximale Größe wählen, da das Zentrum mit Nordlinie (Berlin) nicht genau in der Mitte liegt und die Teilung einer Rechteckseite in einem bestimmten Verhältnis zu schwierig ist.

4. Die in den Aufgaben 1–3 beschriebenen Verfahren eignen sich gut zum Übertragen punktförmig dargestellter Objekte wie Städte.

Linien wie Flußläufe, Grenzen u. a. können dabei nur über Hilfspunkte oder in ihrem ungefähren Verlauf relativ zu den genau gezeichneten Ortschaften eingetragen werden.

Daher sollte zum Übertragen bzw. Vergrößern oder Verkleinern von Kartenausschnitten auf jeden Fall das Verfahren über ein Rechteckraster behandelt werden.

Dabei wird der zu übertragende Ausschnitt in Rechtecke[15] eingeteilt, die entweder mit den ursprünglichen Seitenlängen oder mit demselben Streckungsfaktor versehen auf das Zeichenblatt übertragen werden.

Die Feinheit des Rasters richtet sich danach, wie genau der Verlauf von Linien abgeschätzt werden kann.

Für Punkte, die sehr genau eingezeichnet werden müssen, kann das Rasterverfahren mit der unter 1.–3. beschriebenen Verwendung von Winkeln kombiniert werden.

[15] Es brauchen nicht unbedingt Quadrate zu sein, da dann die Schüler ein gemeinsames Maß für beide Seiten des Ausschnitts finden müssen.

Unterrichtseinheit »Warteschlangen«

Inhaltsübersicht

Hinweise für den Lehrer

»Warteschlangentheorie« bezeichnet dasselbe wie Bedienungstheorie und ist Teil der sog. mathematischen Operationsforschung. Zur Formulierung von Warteschlangenproblemen braucht man Begriffe aus der Wahrscheinlichkeitsrechnung und Statistik und zur Lösung der Probleme Methoden aus der Theorie der Differentialgleichungen. Es ist deshalb nicht möglich, hier einen zu der Unterrichtseinheit gehörigen fachlichen Hintergrund darzustellen. Im übrigen ist eine umfassende Kenntnis der mathematischen Theorie nicht erforderlich, wenn man, wie wir es hier empfehlen, bei der Behandlung von Warteschlangen im Mathematikunterricht die folgenden Fragen in den Vordergrund stellt:

1. Wie werden Warteschlangenprobleme, die ja auf den ersten Blick mit Mathematik nichts zu tun haben, der mathematischen Behandlung zugänglich gemacht? Das heißt im einzelnen:

1.1. Welche Begriffe werden eingeführt? (Ankunfts- Zwischenzeit, Ankunftsrate, Bedienungsrate, Wartezeit, ...)

1.2. Nach welchen Gesichtspunkten werden die betrachteten Probleme klassifiziert? (Nach dem Verhalten der Kunden, nach der Zahl der Warteplätze, nach der Bedienungsordnung)

1.3. Auf welche Weise werden mathematische Modelle zur näherungsweisen Beschreibung der Wirklichkeit konstruiert? (der Kundenstrom wird z. B. als Poisson-Strom *angenommen*; es wird angenommen, daß die Kunden höchstens eine bestimmte Zeit warten; in einem anderen Fall wird angenommen, daß die Kunden beliebig lange warten; usw.)

2. Mit welchen Methoden werden die betrachteten Probleme im mathematischen Modell gelöst?
(hier: Simulation; bei einer Behandlung des Themas in der Kollegstufe evtl. auch rechnerische Lösung.)

Diese Fragen werden in der Unterrichtseinheit »Warteschlangen« so elementar behandelt, daß eine Durchführung der Unterrichtseinheit bereits vom 8./9. Schuljahr an möglich ist. Die bei den Schülern vorauszusetzenden mathematischen Kenntnisse und Fertigkeiten liegen hauptsächlich auf den Gebieten Sachrechnen, Wahrscheinlichkeitsrechnung, beschreibende Statistik: Mittelwerte, insbesondere mittlerer Wert einer zeitabhängigen Größe in einem Zeitintervall, Wahrscheinlichkeitsbegriff und einfache Wahrscheinlichkeitsverteilungen, zu vorgegebenen Bedingungen Würfel- und Urnenexperimente konstruieren, Zufallsexperimente durchführen und auswerten (realtive Häufigkeiten ermitteln, Tabellen anlegen, mit graphischen Darstellungen arbeiten).
Wir schlagen vor, die Unterrichtseinheit »Warteschlangen« im Anschluß an eine Unterrichtseinheit »Elementare Wahrscheinlichkeitsrechnung« zu behandeln, denn dadurch erfahren die Schüler, daß die Wahrscheinlichkeitsrechnung nicht nur für die

Ermittlung von Gewinnwahrscheinlichkeiten bei Glücksspielen oder die Beantwortung lustiger Einzelfragen konzipiert ist (mit welcher Wahrscheinlichkeit erhält Peter ein Paar gleiche Socken, wenn er im Dunkeln ... usw.) sondern, daß die Wahrscheinlichkeitsrechnung zur Lösung »echter« Probleme beizutragen vermag: so können z. B. Schwankungen von Kundenzahlen mit Hilfe von Würfelversuchen vorausgeschätzt werden (Abschnitte 6, 7, 8 der Unterrichtseinheit), Verkehrsprobleme können durch Simulation näherungsweise gelöst werden (Abschnitte 9, 10, 11 der Unterrichtseinheit).

In mehreren der 11 Abschnitte, aus denen die Unterrichtseinheit besteht, werden Zufallsexperimente behandelt, die wiederholt (z. B. 50-mal) auszuführen sind. In solchen Fällen sind Beispiele für vollständige Serien von Versuchsergebnissen angegeben, die den Schülern mitgeteilt und mit deren Hilfe weitere Fragen bearbeitet werden können. Es empfiehlt sich jedoch, möglichst viele Experimente in der Klasse vorzuführen, bzw. von den Schülern durchführen zu lassen. Dazu genügen als Hilfsmittel Wahrscheinlichkeitsurnen (realisiert z. B. durch Plastikeimer mit größerer Anzahl von Tischtennisbällen) eine größere Zahl von Würfeln, Zufallszifferntabellen. Darüberhinaus ist es sicherlich günstig, wenn Schüler in ihrer Umwelt eigene Beobachtungen zum Thema »Warteschlangen« anstellen. So lassen sich z. B. empirische Daten von »Kundenströmen« ermitteln, indem die Schüler eine Stunde lang notieren, wieviele Personen jeweils innerhalb von 15 Sekunden ein Postamt, ein Kaufhaus, ... durch den Haupteingang betreten, wieviele PKW's innerhalb einer Ampelperiode an einer Kreuzung eintreffen, wie die Länge einer Warteschlange vor einem Postschalter schwankt usw..

Für die Behandlung des Themas »Warteschlangen« im Mathematikunterricht seien noch einige Vertiefungsmöglichkeiten stichwortartig genannt: Lösung weiterer konkreter Warteschlangenprobleme durch Simulation (analog zu dem Verfahren in Abschnitt 11; Klassenstufe 9/10; Vorschlag dazu am Ende von Abschnitt 11), Behandlung von Poissonverteilungen (Kl. 11/12), Rechnerische Lösung des klassischen Warteschlangenproblems in Kl. 12/13 (Ankunftszwischenzeiten sind exponentiell verteilt, Bedienungszeiten sind exponentiell verteilt, viele Warteplätze, 1 Bedienungsschalter).

Dem Lehrer, der sich mit der mathematischen Warteschlangentheorie vertraut machen will, empfehlen wir für ein erstes Studium die folgende Literatur (es wurde versucht, die genannten vier Werke nach steigendem mathematischen Anspruchsniveau zu ordnen):

1. J. A. Panico, Queuing Theory (Prentice-Hall, Inc., Englewood Cliffs, N. J. 1969)
2. Autorenkollektiv, Mathematische Standardmodelle der Operationsforschung (Verlag Die Wirtschaft, Berlin)
3. G. F. Newell, Applications of Queuing Theory (Chapman and Hall Ltd., London 1971)
4. L. Kleinrock, Queuing Systems, Vol. I: Theory (John Wiley & Sons; New York, London, Sydney, Toronto, 1975)

Unterrichtsvorschlag

1. Wartesysteme

Jeder von uns kennt Situationen, in denen sich Schlangen bilden können, z. B. vor dem Postschalter, an der Bushaltestelle, am Stadioneingang, vor der Schleuse. Nenne weitere solche Situationen. Was haben diese Situationen gemeinsam?
Die vorausgehenden Situationen stellen Wartesysteme dar. Im einfachsten Fall besteht solch ein Wartesystem aus einem Raum mit einem Bedienungsschalter, an dem Kunden in der Reihenfolge ihres Eintreffens bedient werden. Das Problem ist, daß die Kunden nicht in gleichen Zeitabständen eintreffen, d. h. die Ankunfts–Zwischenzeiten schwanken. Deshalb müssen die Kunden sich oft in einer Warteschlange anstellen.
Die Kunden sind natürlich an einer möglichst kurzen Wartezeit interessiert, das den Schalter betreibende Unternehmen dagegen an einer möglichst guten Auslastung des Schalters.
Häufig stellt sich die Frage: Wie viele Bedienungsschalter muß man mindestens einrichten, damit die Kunden nicht unzumutbar lange, z. B. nicht länger als durchschnittlich 5 Minuten, warten müssen? Diese Frage kann beantwortet werden! Dazu muß man untersuchen, auf welche Weise in einem Wartesystem die Warteschlangenlänge und die Wartezeit von den Ankunfts- Zwischenzeiten der Kunden, von den Bedienungszeiten, von der Zahl der Warteplätze usw. abhängen.

Aufgaben:
Beantworte für jede der folgenden Situationen, in denen jeweils ein Wartesystem beschrieben ist, die Fragen a bis d:
Frage a) Von welcher Art sind die Kunden?
Frage b) Worin besteht die Bedienung und wie viele Bedienungsschalter gibt es?
Frage c) In welcher Reihenfolge werden die wartenden Kunden bedient?
Frage d) Wieviel Warteplätze gibt es in dem Wartesystem?

Situation 1: Auf dem Flughafen A sind zwei Landebahnen gleichzeitig in Betrieb. Trotzdem ist für ankommende Maschinen häufig keine Landebahn frei, die Maschinen fliegen dann in vorgeschriebener Höhe in einer Warteschleife. A hat 8 solche Warteschleifen.
Situation 2: Auf dem Seitenstreifen einer stark befahrenen Hauptverkehrsstraße befinden sich 12 Parkplätze mit Parkuhren. Auf der Straße besteht absolutes Halteverbot. Daher dürfen PKW-Fahrer, die hier einen Parkplatz suchen, nicht stehen bleiben, wenn gerade alle 12 Parkplätze besetzt sind.
Situation 3: Bei einer Behörde ist eine Dienststelle mit 3 Sachbearbeitern besetzt. Eintreffende Akten kommen oben auf den Stapel unbearbeiteter Akten. Wenn ein Sachbearbeiter eine Akte bearbeitet hat, macht er angeblich 10 Minuten Pause und holt dann vom Stapel die als oberste liegende Akte.
Situation 4: Arbeiter A bearbeitet Werkstücke an der Maschine 1 und legt die bearbeiteten Werkstücke in eine Kiste vor der Maschine 2. Arbeiter B holt jeweils ein beliebiges Werkstück aus dieser Kiste, um es auf der Maschine 2 weiterzubearbeiten.
Situation 5: Vom Ort A zum Ort B können gleichzeitig 15 Telefongespräche geführt werden. Ein Geschäftsmann in A will ein solches Gespräch führen und beginnt, die entsprechende Nummer zu wählen. Er wird jedoch enttäuscht: die Verbindung von A und B kommt nicht zustande. Daraufhin entschließt er sich, die Angelegenheit brieflich zu erledigen.

2. Größe des Warteraums

Die Situationen 1 bis 5, die im Abschnitt 1 beschrieben wurden, haben Dir gezeigt, daß die Begriffe »Kunde« und »Bedienungsschalter« Sammelbegriffe für verschiedene wirkliche Dinge sind: Die Kunden können Flugzeuge, Fernsprechteilnehmer, Akten, Werkstücke, ... sein, und die Bedienungsschalter können Landebahnen, Telefonleitungen, Sachbearbeiter, Maschinen, ... sein. Manchmal ist es sogar schwierig zu sagen, worin das Eintreffen der Kunden im Warteraum besteht. So besteht in Situation 5 das »Eintreffen« des Telefonkunden darin, daß dieser Kunde versucht, eine bestimmte Rufnummer zu wählen. Wenn er beim Wählen »durchkommt«, so erfolgt sofort seine Bedienung (Bedienungszeit = Gesprächsdauer), und mit dem Auflegen des Hörers auf die Gabel seines Telefonapparates verläßt der Kunde das Wartesystem. Ertönt beim Wählversuch das Besetztzeichen, so verläßt der Kunde das System unbedient: »Warteplätze« sind nicht vorhanden (Ausnahme: Handvermittlung, Voranmeldung). Im Luftraum über dem Flugplatz (Situation 1) gibt es nur eine begrenzte Zahl von Warteplätzen; demgegenüber lassen sich bei der Behörde (Situation 3) »beliebig viele« unbearbeitete Aktenstücke sammeln, und in der großen Kiste vor der Maschine (Situation 4) können »beliebig viele« Werkstücke zwecks Weiterbearbeitung gelagert werden. Wir können somit bei der Größe des Warteraums grundsätzlich 3 Fälle unterscheiden:

	Fall 1	Fall 2	Fall 3
Anzahl der Warteplätze	0	größer als 0, aber begrenzt	»beliebig viele«

Aufgaben:
Untersuche jedes der folgenden Wartesysteme daraufhin, welcher Fall bzgl. der Größe des Warteraums vorliegt:
Situation 1: Beim Zahnarzt begeben sich die ankommenden Patienten zunächst ins Wartezimmer. Auf dem Flur oder gar auf der Straße wartet in der Regel niemand; stattdessen kommt ein Patient später noch einmal wieder oder er wechselt den Arzt, falls er im Wartezimmer keinen Sitzplatz bekommt.
Situation 2: In der Auskunft des Hauptbahnhofs von Neustadt werden 5 Telefone bedient. Anrufer, die eine Auskunft wünschen, legen bei Ertönen des Besetztzeichens den Hörer auf und verschieben ihren Anruf. An Feiertagen arbeiten im gleichen Arbeitsraum nur 3 Beamte. Über alle 5 Apparate können Gespräche angenommen werden, und anrufende Telefonkunden lassen höchstens 5 Minuten lang das Rufzeichen tönen, ehe sie wieder auflegen.
Situation 3: Auf der Zufahrtstraße zu einer Hochgarage gibt es auf den letzten 50 Metern eine Wartespur. Ein stehender PKW beansprucht ca. 5 m Straßenlänge.
Situation 4: Der Inhaber eines Campingplatzes mit Stellplätzen für 70 Wohnwagen führt eine Liste mit den Namen aller Interessenten, die einen freiwerdenden Stellplatz mieten möchten.
Situation 5: Am Eingang zu einem großen Messegelände werden an 10 Kassen Eintrittskarten verkauft.
Situation 6: In einem Kindergarten werden zum 1. August 12 Plätze frei (durch Überwechseln älterer Kinder zur Schule). Schon drei Monate vorher beginnt man, zur Besetzung dieser Plätze Neuanmeldungen entgegenzunehmen.
Anmerkung: Man beachte, daß man, um eindeutige mathematische Modelle zu gewinnen, die Situationen zuweilen noch präzisieren muß, d. h. daß man zusätzliche Annahmen machen muß. Um die Modellbildung zu erleichtern, sind in den Beispielen Realsituationen bereits vereinfacht, typisiert worden.

3. Die Warteordnung

Die bisher genannten Beispiele für Wartesysteme weisen wesentliche Unterschiede in der »Warteordnung« auf, nach der die Kunden sich freiwillig oder auch gezwungenermaßen richten.

a) Beim Einkaufen beim Bäcker, in der Apotheke, . . . am Postschalter werden Kunden, die den Warteraum zuerst betreten haben, auch zuerst bedient: »first come first served«.
b) Bei der beschriebenen Behörde wurde die zuletzt eingetroffene Akte auf den Stapel unbearbeiteter Akten gelegt und folglich zuerst bearbeitet: »last come first served«.
c) Aus der Kiste mit den halb-bearbeiteten Werkstücken werden die Werkstücke für die Weiterbearbeitung zufällig herausgegriffen: Zufalls-Warteordnung.

Aufgaben:
1. Welche Warteordnung liegt in den bisher behandelten Beispielen jeweils vor?
2. Es gibt auch noch andere Warteordnungen, z. B.
a) Von den Flugzeugen, die auf die Landung warten, werden solche zuerst »bedient«, denen der Treibstoff auszugehen droht oder die eine technische Störung haben.
b) Die Schmerzpatienten beim Zahnarzt werden vorgelassen.
c) Die Fehmarn-Fähre Puttgarden – Rödby nimmt aus der Menge der am Kai wartenden Fahrzeuge zuerst die an Bord, die angemeldet sind.
Betrachte Warteschlangen, in denen es bevorzugte Kunden gibt, und beschreibe die Warteordnung.

4. Durchschnittliche Länge von Warteschlangen

Um 17^{00} Uhr soll der Schalter des Postamtes geschlossen werden. Die zu diesem Zeitpunkt wartenden Kunden werden jedoch noch alle bedient. Der Schalterbeamte wollte die sich daraus ergebenden Überstunden ermitteln und notierte sich für jeden Tag die Zahl der um Punkt 17^{00} Uhr noch wartenden Kunden:

Wochentag	Mo	Di	Mi	Do	Fr	Sa
um 17^{00} Uhr noch wartende Kunden	8	5	10	5	5	6

Welche Mehrarbeit mußte der Beamte in dieser Woche leisten, wenn er für die Bedienung eines Kunden 2 Minuten benötigt? Welche durchschnittliche Länge hatte die 17 Uhr-Warteschlange in der betrachteten Woche?
Bei der Berechnung der durchschnittlichen Länge der Warteschlange hast Du Dich vielleicht an Fälle erinnert, in denen Du schon einmal Mittelwerte von verschiedenen Längen, oder von verschiedenen Zeiten, oder von verschiedenen Gewichten, ... bestimmt hast: Aus den 8 Trainingszeiten 11,2 s/ 11,2 s/ 11,1 s/ 11,3 s/ 11,2 s/ 11,4 s/ 11,2 s/ 11,4 s für die 100 m-Strecke ergibt sich die mittlere Trainingszeit

$$\frac{11{,}2\,\text{s} + 11{,}2\,\text{s} + 11{,}1\,\text{s} + 11{,}3\,\text{s} + 11{,}2\,\text{s} + 11{,}4\,\text{s} + 11{,}2\,\text{s} + 11{,}4\,\text{s}}{8} = 11{,}25\,\text{s};$$

der Mittelwert der vier Längen 1,20 m, 1,30 m, 1,28 m und 1,22 m ist

$$\frac{1{,}20\,\text{m} + 1{,}30\,\text{m} + 1{,}28\,\text{m} + 1{,}22\,\text{m}}{4} = 1{,}25\,\text{m}$$

usw ...
Zur Bestimmung des Mittelwerts oder Durchschnitts mehrerer Größen hast Du jeweils die Größen addiert und die so erhaltene Summe anschließend durch die Anzahl der Größen dividiert:

$$\text{Mittelwert } m = \frac{\text{Summe der Größen}}{\text{Anzahl der Größen}}.$$

Um die Rechnung zu vereinfachen, ist es zweckmäßig, in der im Zähler stehenden Summe gleiche Summanden von vornherein zusammenzufassen. Den Mittelwert der 8 Trainingszeiten hätte man einfacher so berechnen können:

$$m = \frac{11{,}1\,\text{s} + 4 \cdot 11{,}2\,\text{s} + 11{,}3\,\text{s} + 2 \cdot 11{,}4\,\text{s}}{8} = 11{,}25\,\text{s}$$

Benutze die gleiche Rechenerleichterung zur Ermittlung der durchschnittlichen Zeit, die 26 Schüler für die Lösung einer Denksportaufgabe benötigten:
Die Lösung der Aufgabe schafften 2 Schüler in 5 Minuten, 10 Schüler in 6 Minuten, 9 Schüler in 7 Minuten, und die übrigen 5 Schüler brauchten je 8 Minuten.
Allgemein gilt: Tritt die Größe s_1 genau n_1-mal auf, die Größe s_2 genau n_2-mal, usw. ..., schließlich die Größe s_k genau n_k-mal, so gibt $n_1 + n_2 + \ldots + n_k$ die Anzahl der Größen an,
und

$$n \cdot s_1 + n_2 \cdot s_2 + \ldots + n_k \cdot s_k$$

ist die Summe der Größen. Dadurch läßt sich der Mittelwert m der Größen auf die folgende Weise berechnen:

$$m = \frac{n_1 \cdot s_1 + n_2 \cdot s_2 + \ldots + n_k \cdot s_k}{n_1 + n_2 + \ldots + n_k}.$$

Aufgaben:

1. Vor einer Kasse im Supermarkt steht eine Schlange von Kunden. 2 Kunden haben einen fast leeren Warenkorb (Abfertigungszeit je 2 Min.), 4 Kunden haben einen halb vollen Korb (Abfertigungszeit je 3 Min.) und 3 Kunden haben einen vollen Korb (Abfertigungszeit je 4 Min.).
   Berechne die durchschnittliche Abfertigungszeit.
2. Im ersten von uns betrachteten Beispiel wurde eine Woche lang täglich die Kundenzahl bei Schalterschluß notiert. Hier die Zählergebnisse für mehrere Wochen:

	Kundenzahl am						
	Mo	Di	Mi	Do	Fr	Sa	durchschnittl. Länge der Warteschlange
1. Woche	4	4	5	5	6	6	
2. Woche	5	5	6	6	6	6	
3. Woche	12	5	0	2	0	8	
4. Woche	6	5	4	3	2	1	

   Berechne für jede Woche die durchschnittliche Länge der Warteschlange und trage das Ergebnis in der letzten Spalte der Tabelle ein.
   Beschreibe den Fehler, den jemand macht, der für die 3. Woche so rechnet:

   $$\frac{12\text{ P.} + 5\text{ P.} + 2\text{ P.} + 8\text{ P.}}{4} = 6{,}75\text{ P.}$$

3. An einer Bushaltestelle trafen kurz vor 7 Uhr verschiedene Personen ein, um mit dem 7 Uhr-Bus in die Stadt zu fahren. In dem folgenden Schaubild ist die Zahl der wartenden Personen in Abhängigkeit von der Zeit aufgetragen.
   Wieviele Fahrgäste trafen um 6^{55} Uhr ein? Wie lange haben die 8 Fahrgäste im Durchschnitt gewartet?

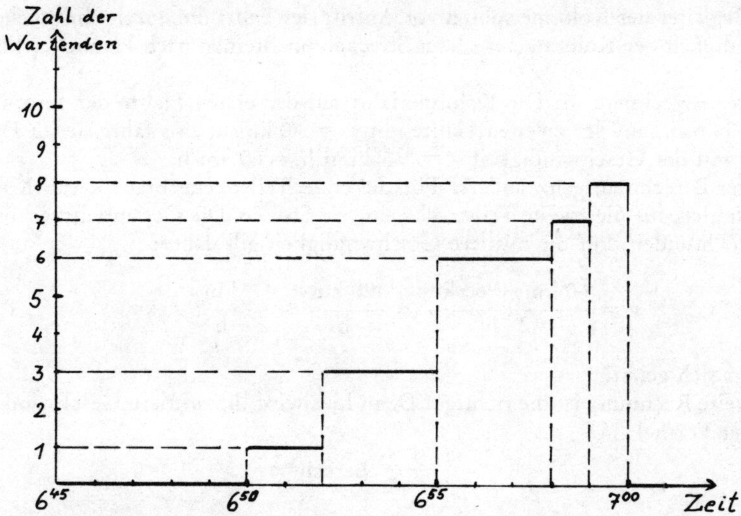

5. Wartezeit und Warteschlangenlänge

Warteschlangen nehmen im Laufe der Zeit zu oder ab. Bei einem Sachbearbeiter des Finanzamts beträgt die Zahl der wartenden Personen vielleicht eine $^3/_4$-Stunde lang 6 Personen und eine $^1/_4$-Stunde lang 8 Personen. Wie lang war die Warteschlange nun im Durchschnitt?
Ein ähnlicher Fall liegt z. B. vor, wenn für ein Fahrzeug die durchschnittliche Geschwindigkeit berechnet werden soll, mit der es eine bestimmte Strecke zurückgelegt hat. Erstaunlicherweise stecken in der Berechnung der Durchschnittsgeschwindigkeit einige Schwierigkeiten, die man zunächst gar nicht vermutet. Lest dazu den folgenden Bericht, der von einer Fahrzeugkolonne handelt, die von Bremen nach Hannover (120 km) fahren sollte:
Es wurde geplant, die Kolonne von Bremen bis Walsrode (Entfernung: 60 km) auf Bundesstraßen fahren zu lassen (Geschwindigkeit der Kolonne auf Bundesstraßen: $v_1 = 40$ km/h), dagegen von Walsrode bis Hannover (Entfernung: 60 km) auf der Autobahn (Geschwindigkeit der Kolonne auf der Autobahn: $v_2 = 80$ km/h).

Zwei Begleiter der Kolonne sollten vor Antritt der Fahrt die durchschnittliche Geschwindigkeit der Kolonne auf dieser Strecke von Bremen nach Hannover berechnen.
Begleiter A rechnete so: Die Kolonne fährt auf der ersten Hälfte der Strecke mit $v_1 = 40$ km/h, auf der zweiten Hälfte mit $v_2 = 80$ km/h, also fährt sie im Durchschnitt mit der Geschwindigkeit $v = \frac{40+80}{2}$ km/h $= 60$ km/h.
Begleiter B rechnete ganz anders: Für die erste Teilstrecke braucht die Kolonne 1½ Stunden, für die zweite Teilstrecke eine ¾-Stunde. Die Gesamtfahrzeit beträgt also 2¼ Stunden. Für die mittlere Geschwindigkeit gilt daher:

$$v = \frac{60\text{ km} + 60\text{ km}}{2\frac{1}{4}\text{h}} = \frac{120\text{ km}}{\frac{9}{4}\text{ h}} \approx 53\,\frac{\text{km}}{\text{h}}$$

Wer hat sich geirrt?
Die zweite Rechnung ist die richtige! Denn hier wird die mittlere Geschwindigkeit nach der Formel

$$v = \frac{s_1 + s_2}{t_1 + t_2} \text{ berechnet.}$$

(t_1 bezeichnet die Fahrzeit auf der ersten Teilstrecke mit der Länge s_1, t_2 die Fahrzeit auf der zweiten Teilstrecke mit der Länge s_2).

Anstelle von $v = \frac{s_1 + s_2}{t_1 + t_2}$ können wir auch schreiben:

$$v = \frac{t_1 \cdot v_1 + t_2 \cdot v_2}{t_1 + t_2}.$$

Wir kommen wieder auf das Beispiel im Finanzamt zurück. Zwar haben die Zahlen 6 und 8 den Mittelwert 7, aber es wäre sicherlich falsch zu sagen, die Warteschlange habe während der einen Stunde im Durchschnitt aus 7 Personen bestanden. Die 8 Personen haben nämlich wesentlich kürzere Zeit gewartet als die 6 Personen.
Wir denken uns deshalb die eine Stunde in 4 gleiche Zeitintervalle von je 15 Minuten Länge unterteilt:
Wartende Personen:

6 Pers.	6 Pers.	6 Pers.	8 Pers.
15 min	15 min	15 min	15 min

Die durchschnittliche Länge der Warteschlange war also:

$$m = \frac{6\text{ P.} + 6\text{ P.} + 6\text{ P.} + 8\text{ P.}}{4} = 6{,}5\text{ Personen}.$$

Dafür können wir auch schreiben:

$$m = \frac{15 \text{ min} \cdot 6 \text{ P.} + 15 \text{ min} \cdot 6 \text{ P.} + 15 \text{ min} \cdot 6 \text{ P.} + 15 \text{ min} \cdot 8 \text{ P.}}{60 \text{ min}}$$

$$= \frac{45 \text{ min} \cdot 6 \text{ P.} + 15 \text{ min} \cdot 8 \text{ P.}}{60 \text{ min}} = 6{,}5 \text{ Personen.}$$

Wir haben nach der Formel

$$m = \frac{t_1 \cdot x \text{ Pers.} + t_2 \cdot y \text{ Pers.}}{t_1 + t_2} \text{ gerechnet.}$$

(x Personen warten während der Zeit t_1, y Personen warten während der Zeit t_2.)
Wir fassen zusammen:
Eine Größe g, die sich im Laufe der Zeit ändert, hat in der Zeit t den mittleren Wert

$$m = \frac{t_1 \cdot g_1 + t_2 \cdot g_2 + \ldots + t_n \cdot g_n}{t_1 + t_2 + \ldots + t_n},$$

wenn die Größe während der Zeit t_1 den Wert g_1 hat, während der Zeit t_2 den Wert g_2, usw. (dabei ist $t_1 + t_2 + \ldots + t_n = t$).

Aufgaben:

1. Im Wartezimmer des Zahnarztes Dr. Meier saßen von 9^{00} bis 9^{10} h 3 Personen, von 9^{10}–9^{50} 5 Personen, von 9^{50}–10^{00} 4 Personen. Wie groß war zwischen 9 und 10 Uhr im Durchschnitt die Zahl der Wartenden?
2. Am 21. März las Peter zu jeder vollen Stunde die Lufttemperatur ab und trug die Ergebnisse in eine Tabelle ein.

Zeit	6^{00}	7^{00}	8^{00}	9^{00}	10^{00}	11^{00}	12^{00}	13^{00}	14^{00}	15^{00}	16^{00}	17^{00}	18^{00}
Temperatur	10°	10°	11°	12°	12°	13°	14°	16°	16°	16°	14°	13°	12°

Trag die Werte in ein Diagramm ein und versuche, die durchschnittliche Temperatur zwischen 6^{00} und 18^{00} zu bestimmen.

3. Wie groß ist im Beispiel »Bushaltestelle« (Siehe Abschnitt 4, Aufgabe 3) die durchschnittliche Länge der Warteschlange zwischen 6^{50} und 7^{00} Uhr?

6. Vorausschätzung einer Kundenzahl

Ein Zeitungsinserat
Ein Restaurant in einem Dorf nordöstlich von Bremen gibt in jedem Jahr am 1. Samstag im November in allen Bremer Tageszeitungen ein Inserat auf:

Wohin am Wochenende? Nach Fischerhude ins Restaurant Senkstake! Spezialität: Bremer Kükenragout. Wir freuen uns auf Ihren Besuch.

Wir können nicht völlig ausschließen, daß zufällig mehr als 10000 Leser dieser freundlichen Einladung am darauffolgenden Sonntag nachkommen und sich auf den Weg machen .... Das Verkehrschaos in dem kleinen Dorf wäre nicht auszudenken, ganz zu schweigen vom Betrieb in dem Restaurant. Es kann aber auch sein, daß trotz des Inserats niemand kommt. Glücklicherweise hat der Wirt, als er in den vorangegangenen Jahren gleichlautende Inserate aufgab, genügend Erfahrung sammeln können. Nach Erscheinen des Inserats in der Wochenendausgabe der Tageszeitungen hatten an den Sonntagen durchschnittlich 50 Gäste das Restaurant besucht.
Es läßt sich nicht sagen, warum schließlich durchschnittlich 50 Personen auf das Inserat ansprachen. Einmal waren es 42 Personen, ein andermal 65 Personen, usw., nicht aber (zumindest wurde das noch nie erlebt) 2000 Personen oder 3500 oder niemand oder nur eine Person.
Mit welchen Abweichungen von der durchschnittlichen Personenzahl 50 muß der Wirt rechnen, selbst wenn er annimmt, daß sich in den nächsten Jahren an dieser Durchschnittszahl nichts ändert?
Diese Frage ist schwer zu beantworten. Es gibt jedoch eine experimentelle Möglichkeit, um die Frage wenigstens annähernd richtig zu beantworten.

„Gedankenexperiment":
Denk Dir einen großen Würfelbecher, in dem sich 300 gewöhnliche Spielwürfel befinden, denk Dir den Inhalt gut gemischt und dann auf einen großen Tisch ausgeschüttet, so daß alle Würfel einzeln nebeneinander auf der Tischplatte liegen.
Jeder einzelne Würfel wird mit einer bestimmten Wahrscheinlichkeit die Augenzahl »1« zeigen, nämlich mit der Wahrscheinlichkeit $\frac{1}{6}$. Bei einem Wurf mit 300 Würfeln können wir damit rechnen, daß etwa $\frac{300}{6} = 50$ Einsen auftreten. Bei einem Versuch werden wir vielleicht 42 Einsen beobachten, bei einem anderen 65 oder 59 Einsen. Es

ist äußerst unwahrscheinlich, daß von den 300 Würfeln keiner eine »1« zeigt, ebenso selten werden wir erleben, daß alle Würfel eine »1« zeigen. Nur: ausschließen können wir diese extremen Fälle nicht!
Ein mathematisch interessierter Wirt soll das Experiment tatsächlich ausgeführt haben. Er legte 300 Spielwürfel in einen Eimer, schüttete den Inhalt dann auf eine Tischplatte und zählte die Einsen. Diesen Versuch führte er 30 mal durch und erhielt diese Folge von Ergebnissen:

Versuch Nr.	1	2	3	4	5	6	7	8	9	10	11	12	13	14	15
Anzahl der Einsen	49	56	57	58	46	60	38	42	51	54	53	52	48	55	56

Versuch Nr.	16	17	18	19	20	21	22	23	24	25	26	27	28	29	30
Anzahl der Einsen	59	52	57	53	41	47	60	44	43	55	52	45	60	55	56

Aufgaben:
1. Was hat das beschriebene Experiment mit dem Problem des Gastwirts zu tun?
2. In wieviel Prozent der Versuche weicht das Ergebnis um mehr als 10 von dem Mittelwert 50 ab?
3. Wie groß ist die durchschnittliche Abweichung der Ergebnisse vom Mittelwert?
4. Welche Bedingungen, die einen Restaurantbesuch beeinflussen, werden in dem Experiment außer acht gelassen?

7. Vorbestellte und zufällig eintreffende Kunden

In den bisher erwähnten Beispielen für Wartesysteme geht es jeweils darum, daß Kunden in einem Warteraum eintreffen, um schließlich an einem Schalter bedient zu werden. Wir sprechen daher auch von Bedienungssystemen. Wenn in einem Bedienungssystem das Verhalten der einzelnen Kunden genau bekannt ist oder wenn es sogar möglich ist, die Kunden zu festen Zeiten vorzubestellen, so kann man die Länge der Warteschlange, die durchschnittliche Wartezeit der Kunden usw. vorhersagen.

Beispiele:
1. Zur Ablegung der Gesellenprüfung hat die Prüfungskommission zu jeder vollen Stunde einen Prüfungskandidaten bestellt. Die Prüfung dauert 50 Minuten.
2. Zur Durchführung einer Röntgen-Reihenuntersuchung bestellt das Gesundheitsamt zu jeder halben Stunde 10 Personen. Das Röntgen einer Person dauert 2 Minuten.

Aufgabe zu Beispiel 2:
Berechne die durchschnittliche Wartezeit einer Gruppe von 10 Personen, die alle pünktlich gemäß Vorbestellung um 8^{00} Uhr eintreffen. (Unter der Annahme, daß bereits um genau 8^{00} Uhr mit dem Röntgen von einer der 10 Personen begonnen wird.)
In den meisten praktischen Fällen werden jedoch Kunden nicht nach Vorbestellung eintreffen: PKW's, die an einer Ampelkreuzung eintreffen und dort auf ihre Bedienung (Befahren der Kreuzung) warten, kann man nicht zu bestimmten Zeiten vorbestellen. Hausfrauen erledigen ihre Einkäufe und Besorgungen beim Bäcker, beim Postamt usw. nach unterschiedlichen Bedürfnissen und nach persönlich wechselnden Zeitplänen. Von einem zufälligen Eintreffen der Kunden in einem Wartesystem sprechen wir dann, wenn die folgenden Bedingungen erfüllt sind:
(1) Der in Frage kommende Kundenkreis ist so groß, daß auch bei einer langen Warteschlange die überwiegende Anzahl der Kunden sich außerhalb des Warteraums befindet.
(2) Der Entschluß des einzelnen Kunden, den Warteraum zu betreten, ist unabhängig vom Verhalten der übrigen Kunden (kein Herdentrieb, keine Absprache unter den Kunden!) und auch unabhängig vom Zeitpunkt innerhalb der Öffnungszeit der Bedienungsschalter (keine »Stoßzeiten«).
(3) Die durchschnittliche Inanspruchnahme des Bedienungssystems durch die Kunden ist über einen längeren Zeitraum unverändert.
Untersuche für jede der folgenden Situationen, inwieweit die Bedingungen (1), (2), (3) erfüllt, bzw. nicht erfüllt sind:
Situation 1: Bei der Bundespost gibt es mobile Postämter (Omnibus mit Postschalter!), die in dünn besiedelten Gebieten nach festen Fahrplänen von Dorf zu Dorf fahren. Das mobile Postamt ist montags von 13^{00} bis 14^{00} im Dorf A. Alle Erwachsenen des Dorfes finden sich gegen 13^{30} an der Haltestelle des mobilen Postamtes ein, um die verschiedenen Postdiente in Anspruch zu nehmen.
Situation 2: Ein Arzt hat die Größe des Warteraums in seiner Praxis und die Zahl seiner Helferinnen an der durchschnittlichen Zahl von 35 Patienten pro Tag bemessen. Es bricht eine Grippewelle aus.
Situation 3: Ein ländliches Restaurant verkauft sonntags im Durchschnitt 20 Mittagessen. An einem Sonntag trifft um 12^{00} ein Omnibus mit 40 Personen ein, die Gruppe ist jedoch nicht durch die Reiseleitung angemeldet.
Situation 4: Ein zoologischer Garten wird täglich im Durchschnitt von 320 Personen besucht. Am 2. April meldet die Lokalzeitung: Neuerwerb eines Nashorns, Beobachtung beim Füttern ist nachmittags von 14^{00} bis 14^{30} Uhr möglich!

8. Simulation des zufälligen Eintreffens von Kunden

Das zufällige Eintreffen von jeweils wenigen Kunden aus einem großen Kreis von in Frage kommenden Personen können wir durch einfache Zufallsexperimente simulieren (d. h. nachahmen):

Beispiel:
Der Kundendienst einer Firma, die Haushaltsgeräte herstellt, betreut u. a. 100 Besitzer von Waschmaschinen.
Überlege durch Überprüfung der Bedingungen (1), (2), (3) von Abschnitt 7, ob das Anmelden der gerade defekt gewordenen Waschmaschinen beim Kundendienst als

Wirklichkeit	Zufallsexperiment zur Simulation der Wirklichkeit
100 Waschmaschinen, davon im Durchschnitt 4 Reparaturfälle pro Monat	Urne mit 96 weißen und 4 schwarzen Kugeln
Wahrscheinlichkeit für das Defektwerden einer einzelnen Maschine innerhalb eines Monats: $w = \frac{4}{100}$	W., eine schwarze Kugel zu ziehen: $w = \frac{4}{100}$
Wahrsch. für störungsfreien Lauf einer Maschine während eines Monats: $w = \frac{96}{100}$	W., eine weiße Kugel zu ziehen: $w = \frac{96}{100}$
Im Durchschnitt werden pro Monat 4 Maschinen defekt	Wenn man aus der Urne 100-mal eine Kugel zieht (für jede Maschine eine!), so erhält man bei mehrfacher Wiederholung dieses Experiments im Durchschnitt 4-mal eine schwarze Kugel
Die Zahl der in einem best. Monat defekt werdenden Maschinen kann man nicht vorhersagen	Man führt das Zufallsexperiment sehr oft durch und erhält eine Zahlenfolge, z. B. 4, 5, 4, 3, 3, 3, 1, 6, 4, 0, . . . Dieser Zahlenfolge kann man entnehmen, wie häufig mit 4 Reparaturfällen pro Monat zu rechnen ist, wie häufig mit dreien, zweien, einem, keinem, mit 5 Fällen, mit 6 Fällen usw..

zufälliges Eintreffen von Kunden in einem Wartesystem angesehen werden kann. Von den 100 Waschmaschinen müssen im Durchschnitt 4 pro Monat vom Kundendienst repariert werden. Um die Schwankungen um den monatlichen Durchschnittswert »4 Reparaturfälle« zu ermitteln, betrachten wir eine Urne, in der sich 96 weiße Kugeln und 4 schwarze Kugeln befinden (denk an 96 störungsfrei laufende Maschinen und an 4 Reparaturfälle!). Aus dieser Urne ziehen wir 100 mal eine Kugel, wobei wir die gezogene Kugel jeweils wieder zurücklegen. Die Anzahl der bei diesen 100 Ziehungen insgesamt erhaltenen schwarzen Kugeln deuten wir als die Zahl der Reparaturfälle pro Monat.

Aufgaben

1. Das beschriebene Zufallexperiment »100-mal Ziehen mit Zurücklegen aus einer Urne mit 96 weißen und 4 schwarzen Kugeln« wurde 50 mal ausgeführt und ergab für die Anzahlen der dabei erhaltenen schwarzen Kugeln der Reihe nach: 3, 4, 2, 7, 6, 2, 5, 6, 3, 2, 2, 7, 3, 4, 3, 5, 1, 5, 8, 7, 4, 7, 5, 4, 2, 4, 4, 0, 5, 5, 7, 4, 3, 7, 2, 4, 4, 4, 2, 5, 5, 2, 3, 3, 8, 0, 5, 4, 10, 4.

1.1. Trag die Häufigkeit für das Auftreten von 0 bis 100 schwarzen Kugeln in den 50 Versuchsserien in die Tabelle ein und berechne die relativen Häufigkeiten.

Zahl der schwarzen K.	0	1	2	3	4	5	6	7	8	9	10 . . .
Häufigkeit											
Rel. Häufigk.											

1.2. Trag die relativen Häufigkeiten als Funktion der Anzahlen von schwarzen Kugeln in das folgende Diagramm ein:

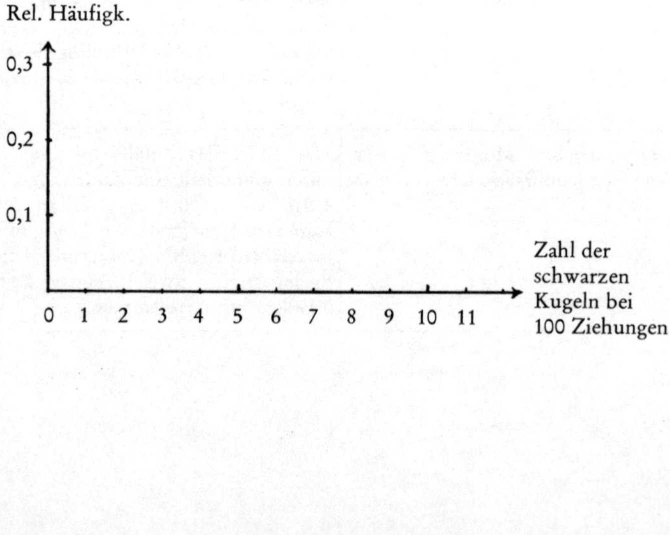

a) In wieviel Prozent aller Fälle weicht die durch das Zufallsexperiment ermittelte Zahl der Reparaturfälle pro Monat um höchstens 2 von der durchschnittlichen Zahl 4 der Reparaturfälle pro Monat ab?
b) Was ergibt sich daraus für einen Reparaturbetrieb, dessen Kapazität auf 4 Reparaturen pro Monat begrenzt ist?
c) Beantworte die Frage b) auch für eine Kapazität von 5, bzw. 6 Reparaturfällen pro Monat.

2. Wirf gleichzeitig 24 Spielwürfel und notiere die Zahl der dabei auftretenden Einsen. Führe den Versuch 50 mal durch. Inwiefern ist auch dieses Experiment zur Simulation der Zahl der Waschmaschinen-Reparaturfälle geeignet?

3. Kann die Zahl der monatlichen Waschmaschinen-Reparaturfälle noch durch das zuerst beschriebene Urnenexperiment simuliert werden, wenn
a) die 100 Waschmaschinen alle ungefähr im gleichen Jahr gekauft wurden und während der ersten drei Jahre nahezu störungsfrei laufen?
b) Waschmaschinen, bei denen eine Reparatur nicht mehr lohnt, durch einen neuen Typ von Maschine ersetzt werden, der eine niedrigere Reparaturanfälligkeit aufweist als der alte Typ?

4. In dem Bericht über das Zeitungsinserat (siehe Abschnitt 6) wurde die Zahl der Kunden, die sonntags vor dem Bedienungsschalter »Restaurant« eintreffen, durch das Experiment »Wurf mit 300 Würfeln« simuliert. Hier wurde *vor* der Simulation die Wirklichkeit zunächst stark vereinfacht. Beschreibe den Zusammenhang zwischen Wirklichkeit und Simulation durch Anlegen einer Tabelle ähnlich wie für das Einführungsbeispiel dieses Abschnitts.

9. Ankunfts- und Bedienungsrate

Die Umsteigestelle

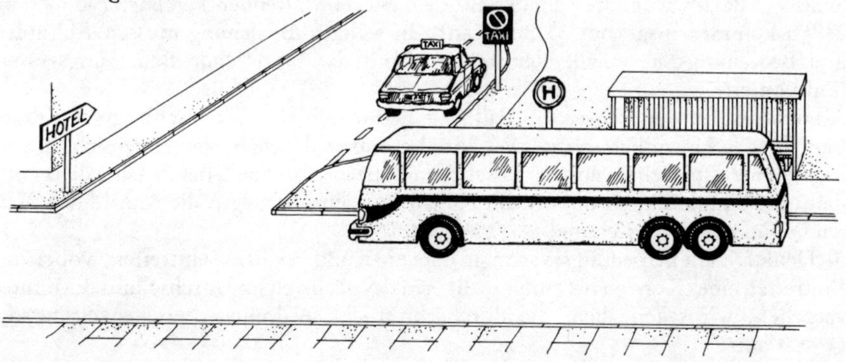

1. Zwischen 7 und 24 Uhr hält genau alle 30 Minuten ein Linienbus an einer Straßenabzweigung. Es steigen Personen aus, und zwar im Durchschnitt 4, die mit dem einzigen Taxi zu einem Hotel weiterfahren müssen. Das Taxi nimmt höchstens 5 Personen mit und kommt erst nach einer halben Stunde zur Bushaltestelle zurück. Zurückgelassene Personen müssen solange warten. Simuliere die Zahl der jeweils mit dem Bus ankommenden Personen durch die Zahl der Einsen, die Du beim gleichzeitigen Wurf mit 24 Würfeln erhältst, und ermittle so die durchschnittliche Länge der Warteschlange an dem Taxistand. Benutze dazu eine Tabelle der folgenden Art (die Tabelle ist für die Einsen-Folge 6, 7, 2, 4, 6, ... beispielhaft ausgefüllt):

Ankunft des Busses	Zahl der aus dem Bus aussteigenden Personen	Zahl der bereits wartenden Personen	Aussteigende + wartende Personen	Zahl der vom Taxi beförderten Personen	Anzahl der Wartenden (nach Abfahrt des Taxis)
7^{00}	6	0	6	5	1
7^{30}	7	1	8	5	3
8^{00}	2	3	5	5	0
8^{30}	4	0	4	4	0
9^{00}	6	0	6	5	1
.	.	.	.	.	.
.	.	.	.	.	.
.	.	.	.	.	.

2. Im Durchschnitt kommen alle 30 Minuten 4 Personen mit dem Bus an. Wir sagen, die *Ankunftsrate* betrage $a = 4$ Personen/30 Minuten. Die Beförderungskapazität des Taxis ist in unserem Beispiel $b = 5$ Personen/30 Minuten.
Wir nennen b auch die *Bedienungsrate.* Obwohl $b > a$ ist, kommt es immer wieder vor, daß eine oder mehrere Personen warten müssen.
Was passiert, wenn das Taxi nur 4 Personen befördern darf, wenn also $b = a$ ist? Simuliere dazu wieder die Zahl der mit dem Bus eintreffenden Personen (von 7^{00} bis 24^{00} h kommen insgesamt 33 Busse an!). In welcher Beziehung müssen Ankunfts- und Bedienungsrate zueinander stehen, damit das betreffende Bedienungssystem funktioniert?
Anmerkung für den Lehrer: Im Falle $b=a$ baut sich eine Warteschlange auf, deren Länge gegen Unendlich strebt. Dies wird besonders deutlich, wenn man sich im vorliegenden Beispiel einen ununterbrochenen Betrieb (also von 0 bis 24 Uhr) denkt und dafür die Simulation vornimmt. Im Falle $b > a$ wird hingegen die Anzahl der Wartenden immer wieder einmal auf 0 abgebaut.

3. Denk Dir ein Bedienungssystem, in dem die Kunden einzeln eintreffen, wobei vom Eintreffen eines Kunden bis zum Erscheinen des nächsten im Durchschnitt 3 Minuten vergehen; wir sagen auch, die durchschnittliche Ankunfts-Zwischenzeit beträgt $t_A = 3$ min.

Die pro Kopf erforderliche Bedienungszeit soll im Durchschnitt $t_B = 2$ min betragen.
Berechne die Ankunftsrate a und die Bedienungsrate b. Vergleiche.
4. Die Bedingung $b > a$ für das Funktionieren eines Bedienungssystems gilt für den Fall, daß in dem System nur ein einziger Schalter für die Bedienung der Kunden vorhanden ist. Wie lautet die entsprechende Bedingung für ein Bedienungssystem mit 2 (3, 4, . . ., n) Schaltern?
5. In einem Supermarkt dauert die Bedienung eines Kunden an der Kasse im Durchschnitt 3 Minuten. In der Zeit zwischen 10^{00} und 11^{00} Uhr beträgt die Ankunftsrate der Kunden an der Kasse $a = 1{,}8$ Kunden pro Minute; in der Stoßzeit zwischen 17^{00} und 18^{00} Uhr ist die Ankunftsrate doppelt so groß. Wieviel Kassen müssen a) zwischen 10^{00} und 11^{00} Uhr, b) zwischen 17^{00} und 18^{00} Uhr mindestens besetzt sein?

10. Simulation einer Ankunftsrate mit Zufallszahlen

Die Lichtzeichenkreuzung

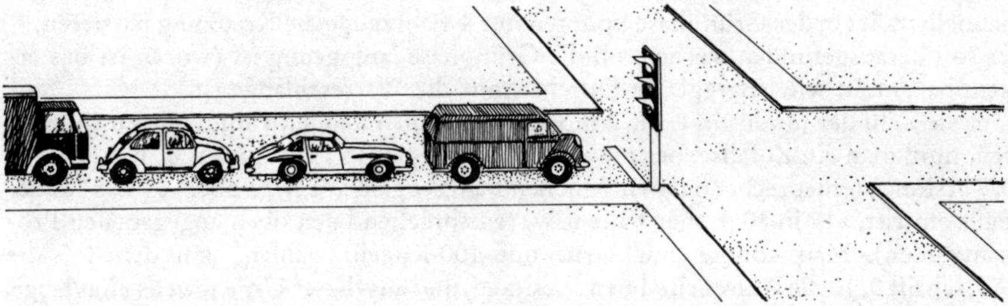

Ein »Kundenstrom«, bestehend aus Kraftfahrzeugen, bewegt sich auf eine Straßenkreuzung zu. Wir können nicht sagen, daß die einzelnen »Kunden« zu vollkommen zufälligen Zeitpunkten an der Kreuzung eintreffen; denn die Kraftfahrzeuge stören sich gegenseitig: Ein langsam fahrender LKW, der nicht überholt werden kann, »schiebt z. B. eine größere Zeitlücke vor sich her« (so sprechen die Verkehrsplaner!), und dadurch treffen die hinter ihm fahrenden Kunden alle zum ungefähr gleichen Zeitpunkt im Bedienungssystem »Straßenkreuzung« ein, oder: wegen einer vorangehenden Ampel kann an dieser Kreuzung nur eine gewisse Höchstzahl von Fahrzeugen innerhalb einer Ampelperiode eintreffen.
Wenn man von den Fahrzeugen, die an der Kreuzung eintreffen, nur die Ankunftsrate kennt (durchschnittliche Zahl ankommender Fahrzeuge pro Periode), so ist es fast unmöglich, solch eine komplizierte Situation zu simulieren. In der Praxis verfährt

man so, daß man, um zusätzliche Informationen zu erhalten, die tatsächlichen Schwankungen in der Zahl der ankommenden Fahrzeuge möglichst häufig beobachtet und dann (evtl. durch Simulation) die günstigste Schaltung für die Ampelanlage ermittelt.

An einer Straßenkreuzung zeigten mehrere Verkehrszählungen, daß innerhalb einer Ampelperiode aus einer bestimmten Richtung die Fahrzeuge im Durchschnitt in der folgenden »Verteilung« eintrefen:

... Fahrzeuge in	.. % aller Perioden
kein Fahrzeug in	5% aller Perioden
1 Fahrzeug in	10% aller Perioden
2 Fahrzeuge in	15% aller Perioden
3 Fahrzeuge in	15% aller Perioden
4 Fahrzeuge in	20% aller Perioden
5 Fahrzeuge in	20% aller Perioden
6 Fahrzeuge in	10% aller Perioden
7 Fahrzeuge in	5% aller Perioden

Für diese Fahrzeuge gab es an der Kreuzung nur eine sehr kurze Grünphase, denn es handelte sich um die Einmündung einer kleinen Nebenstraße in eine vielbefahrene Schnellstraße: in der Grünphase konnten nur 4 Fahrzeuge die Kreuzung passieren.

Es soll herausgefunden werden, ob die Grünphase lang genug ist (woran ist das erkennbar?) und wie lang ggf. im Durchschnitt die Warteschlange ist.

Um die Zahl der jeweils in einer Ampelperiode eintreffenden Fahrzeuge zu simulieren, muß man ein Zufallsexperiment mit den möglichen Ergebnissen 0, 1, 2, 3, 4, 5, 6, 7 ersinnen (entsprechend den möglichen Fahrzeuganzahlen), wobei »0« in 5% aller Fälle eintritt, »1« in 10% aller Fälle usw. (entsprechend den oben angegebenen Prozentzahlen). Man könnte eine Urne mit 100 Kugeln wählen, von denen 5 die Aufschrift 0, 10 die Aufschrift 1 usw. besitzen, und aus dieser Urne jeweils eine Kugel ziehen.

Stattdessen kann man auch bereits ausgeführte Zufallsexperimente in Form von Zufallsziffern-Tabellen benutzen:

6168	0051	1612	7222	2280	6975	1771	2496
2961	8737	9126	5195	9224	2434	8412	5093
3110	3144	0459	0857	7466	8596	1067	1387
4336	6729	3123	8224	3175	3820	2776	0755
8520	1588	1401	4379	3173	2166	8958	5030
7030	4374	6334	7894	2668	0365	1499	6307
4256	4115	8970	5127	7368	2902	7010	7112
6621	3022	2081	4433	1636	0627	0061	9014
0995	8431	3112	3262	9929	6593	9943	1612
2575	3825	0516	0547	9643	6726	0553	4518

2991	4058	9963	6735	5376	3012	0478	8560
8259	0172	2395	2200	1771	4146	6112	7387
0296	3945	7494	8450	2116	0351	9681	1892
0357	4183	2022	8274	8825	3372	0064	2819
6987	4045	9402	4566	9390	3559	4188	3175
2096	0813	5002	2561	5176	8394	6086	4182
7418	1751	9354	7377	2113	1808	8266	4749
9064	8267	1119	4487	1557	2946	3147	4309
2739	7660	3316	2596	9743	4479	2060	7584
7603	0443	4171	9801	6970	2907	3574	3643
7154	0586	0139	9147	8089	1170	7688	2670
3908	5987	9038	9150	7593	2867	3034	53‰5
7392	3071	9982	9684	2649	9155	1988	0249
6896	9330	1536	1043	1187	6197	0886	6048
9799	3818	6333	2085	8599	1551	8801	8505

Man kann sich solch eine Tabelle entstanden denken durch wiederholtes Ziehen einer Kugel aus einer Urne, deren Inhalt aus 10 Kugeln besteht, die der Reihe nach die Aufschriften 0, 1, 2, . . ., 9 tragen. Die Anordnung zu 4-stelligen Zahlen in der obigen Tabelle ist nur aus Gründen der Übersichtlichkeit geschehen.
Zur Simulation der Fahrzeuganzahlen entnehmen wir der Zufallsziffern-Tabelle der Reihe nach zweistellige Dezimalzahlen (z. B. indem wir an den 4-stelligen Zahlen die beiden letzten Ziffern weglassen: 61, 29, 31, 43, . . .) und deuten diese Dezimalzahlen nach dem folgenden Schema als Fahrzeuganzahl. Beispielsweise fällt die Zahl 61 in das Intervall »45 bis 64«, und zu diesem Intervall gehört die Fahrzeuganzahl 4.

Zahlenintervall	Größe des Intervalls	Zugehörige Zahl von Fahrzeugen in einer Ampelperiode
0 bis 4	5 Zahlen	0
5 bis 14	10 Zahlen	1
15 bis 29	15 Zahlen	2
30 bis 44	15 Zahlen	3
45 bis 64	20 Zahlen	4
65 bis 84	20 Zahlen	5
85 bis 94	10 Zahlen	6
95 bis 99	5 Zahlen	7

Aufgaben:

1. Erkläre, warum die natürlichen Zahlen von 0 bis 99 auf die obige Weise in Intervalle eingeteilt wurden.
2. Entnimm der Zufallsziffern-Tabelle eine Folge von 100 zweistelligen Dezimalzahlen und arbeite mit einer Tabelle der folgenden Art:

Lfd. Nr.	Zufalls-zahl	ankommende Fahrzeuge	Fahrzeuge insgesamt	durchgel. Fahrzeuge	nichtdurchgel. Fahrzeuge
1	61	4	4	4	0
2	29	2	2	2	0
3	31	3	3	3	0
4	43	3	3	3	0
5	85	6	6	4	2
6	70	5	7	4	3
7	42	3	6	4	2
8	66	.			
9	09	.			
10	25	.			
.	.	.			
.	.	.			
.	.	.			

Als »wartende« Fahrzeuge sollen diejenigen angesehen werden, die bei einer Grünphase nicht über die Kreuzung kamen, obwohl sie noch vor dem Ende der Grünphase an der Ampel eingetroffen waren.
Bestimme die durchschnittliche Länge dieser Warteschlange.

11. Die Simulation von Ankunftszwischenzeiten

Das Überqueren einer Straße

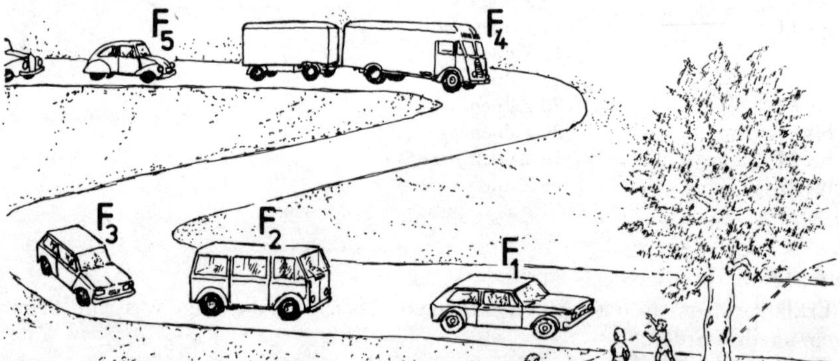

Die Kinder wollen dort, wo der Baum steht, die Straße überqueren. Von links kommen viele Fahrzeuge, und die Kinder müssen so lange warten, bis sie zwischen zwei vorbeifahrenden Fahrzeugen eine genügend große Lücke entdecken. Die Mindestgröße dieser Lücke hängt von mehreren Bedingungen ab:

a) von der Geschwindigkeit, mit der die Kinder über die Straße gehen (es ist gefährlich, zu laufen!)
b) von der Breite der Straße
c) von der Geschwindigkeit der Fahrzeuge
d) von der »Verkehrsdichte« (die »Verkehrsdichte« ist die Ankunftsrate der Fahrzeuge an der Stelle, wo sich der Baum befindet).

Die Straße in dem obigen Bild ist 9 m breit. Welche Zeit braucht ein Fußgänger, um bei normalem Gehtempo diese Straße zu überqueren?

a) Miß eine Strecke von 9 m Länge im Klassenzimmer oder auf dem Flur aus und stoppe mit einer Stoppuhr die Zeit, die verschiedene Kinder brauchen, um im normalen Gehtempo diese Strecke zurückzulegen.
b) Vielleicht ist Dir bekannt, daß eine Geschwindigkeit von 5 km/h als normales Fußgängertempo gilt. Beim Gehen mit dieser Geschwindigkeit würde man in einer Stunde 5 km zurücklegen. Daraus läßt sich berechnen, welchen Weg man in einer einzigen Sekunde zurücklegen würde. Dieser Weg ist der 3600-te Teil von 5000 m, also etwa 1,5 m:

$$\boxed{5 \frac{\text{km}}{\text{h}} \approx 1{,}5 \frac{\text{m}}{\text{sec}}}$$

Zum Überqueren einer 9 m breiten Straße braucht ein Fußgänger also 6 sec. (denn $6.1{,}5 \text{ m} = 9 \text{ m}$). So groß sollte die »Zeitlücke« zwischen zwei vorbeifahrenden Fahrzeugen mindestens sein, wenn man zwischen ihnen die Straße überqueren will. Eine Zeitlücke von 6 sec. zwischen zwei Fahrzeugen F_1 und F_2 an einer bestimmten Stelle, z. B. am Standort des Straßenbaumes, bedeutet: Fahrzeug F_2 kommt 6 sec. später an dieser Stelle vorbei als Fahrzeug F_1.

Die Kinder müssen also warten, bis eine Zeitlücke von mindestens 6 sec. »vorbeikommt«.

Die dargestellte Straße befindet sich noch innerhalb einer geschlossenen Ortschaft. Dort fahren die Kraftfahrzeuge meist mit der höchsten zugelassenen Geschwindigkeit von 50 km/h.

Aufgabe 1: Rechne die in km/h angegebenen Geschwindigkeiten in m/s um: 15 km/h (Radfahrer), 50 km/h (Auto in Ortschaft), 130 km/h (Richtgeschwindigkeit auf Autobahnen), 1000 km/h (Düsenflugzeug).

Aufgabe 2: Die Fahrzeuge F_1, F_2, F_3, . . . fahren alle mit derselben Geschwindigkeit 50 km/h. Wie groß muß der Abstand zwischen zwei solchen Fahrzeugen mindestens sein, damit die Kinder zwischen ihnen sicher die Straße überqueren können? (sie brauchen 6 sec.)

Aufgabe 3: Die Verkehrsdichte auf der Straße, die die Kinder überqueren wollen, beträgt
a = 900 Fahrzeuge pro Stunde.
3.1. Wieviel Fahrzeuge kommen im Durchschnitt pro Minute an der Stelle vorbei, an der der Baum steht?
3.2. Wie groß ist die durchschnittliche Zeitlücke zwischen zwei Fahrzeugen? Könnten die Kinder die Straße sicher überqueren, wenn alle Fahrzeuge den gleichen Abstand voneinander hielten?
Aufgabe 4: Bei sehr großer Verkehrsdichte kommt es leicht zu Stauungen, die Fahrzeuge fahren dann in langen Kolonnen oder müssen sogar stehen bleiben. Bei mittlerer Verkehrsdichte wird demgegenüber der Fahrzeugstrom an einer bestimmten Stelle mit einer zufälligen Folge von Zeitlücken vorbeikommen, z. B. 3,5 sec., 6,2 sec., 1,5 sec., 4 sec., 8 sec., ...
Du sollst nun ermitteln, wie lange die am Straßenrand wartenden Kinder auf eine Zeitlücke von mindestens 6 sec. warten müssen, wenn die Zeitlücken im Durchschnitt die Länge 4 sec. haben. Benutze dazu wieder zweistellige Zufallszahlen und die nachstehende Kurve, die man aus der Erfahrung gewonnen hat.

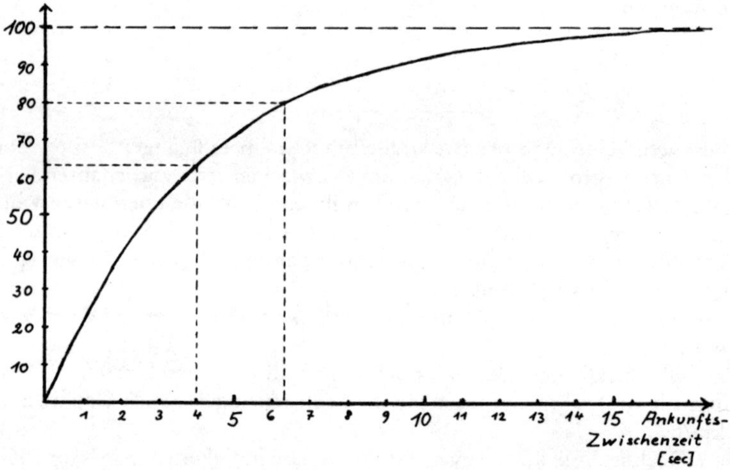

Und zwar so:
Du deutest die Zufallszahl als Punkt auf der Ordinate, gehst parallel zur Abszisse bis zu der eingezeichneten Kurve (Geodreieck anlegen!) und findest als zugehörigen Abszissenwert eine Ankunftszwischenzeit. Zur Zufallszahl 63 gehört z. B. eine Zeitlücke von 4 sec, zur Zufallszahl 80 gehört die Zeitlücke 6,3 sec. Schreib zu jeder Zu-

fallszahl die Größe der Zeitlücke in eine Tabelle, so lange, bis eine Zufallszahl auftritt, die größer als 77 ist. Zu jeder Zufallszahl größer als 77 gehört nämlich eine Zeitlücke von mindestens 6 sec: Die Straße kann überquert werden; die Summe der bis dahin erhaltenen Zeitlücken ist die Wartezeit.
Bestimme 10 solche Wartezeiten und ermittle damit die durchschnittliche Wartezeit.

Zufallszahl	Zeitlücke	
61	3,7 sec	
29	1,4 sec	9,4 sec
31	2 sec	
43	2,3 sec	
85	7,5 sec	

Würdest Du für die Stelle, an der die Kinder die Straße überqueren wollen, den Bau einer Fußgängerampel empfehlen?
Anmerkung: Wenn Schüler und Lehrer an weiteren praktischen Anwendungen interessiert sind, so könnte die folgende Aufgabe behandelt werden:
Bei bekannter Ankunftsrate $a = 5$ Kunden/min. und bekannter Bedienungsrate $b = 1$ Kunde/min. (konkretes Beispiel wählen!) soll die Mindestzahl n von Bedienungsschaltern ermittelt werden, für welche die Warteschlange im Durchschnitt aus nicht mehr als zwei Personen besteht.
Die Lösung kann durch Simulation, und zwar durch sukzessives Ausprobieren der Fälle $n = 6, 7, \ldots$, gefunden werden; dabei werden die exponentiell verteilten Ankunfts- Zwischenzeiten und Bedienungszeiten vom Lehrer durch Grafiken vorgegeben.

Unterrichtseinheit »Eisenbahn«

Inhaltsübersicht

Hinweise für den Lehrer

In der Unterrichtseinheit »Eisenbahn« wird vorausgesetzt, daß die Schüler den Geschwindigkeitsbegriff kennen und daß sie lineare Funktionen graphisch darstellen und umgekehrt graphische Darstellungen von stückweise linearen Funktionen lesen und interpretieren können (graphische Fahrpläne). Eine geeignete Klassenstufe für die Durchführung der Unterrichtseinheit scheint uns deshalb die Klasse 8 zu sein.
Das Schwergewicht der Unterrichtseinheit liegt auf den beiden Themen »Fahrpläne lesen« und »Graphische Fahrpläne«. Mit diesen Themen soll den Schülern einsichtig gemacht werden, wie die komplizierten Überhol-, Begegnungs- und Laufzeitprobleme beim Zugeinsatz auf einem Streckennetz im Prinzip gelöst werden (graphische Fahrpläne) und wie die fertigen Fahrpläne möglichst übersichtlich zu Weg-Zeit-Tabellen gestaltet werden (Fahrpläne für Teilnetze, Technik des Einrückens von Zahlenkolonnen).
Für die Durchführung des Unterrichts empfiehlt es sich, die (preiswerten) Fahrpläne der DB und (i. a. kostenloses) Prospektmaterial (Junioren-Paß usw.) im Klassensatz zu besorgen.

Unterrichtsvorschlag

1. Material zu der Unterrichtseinheit »Eisenbahn«

Streckennetz der Deutschen Bundesbahn im Raum Niedersachsen/Bremen/Ostwestfalen

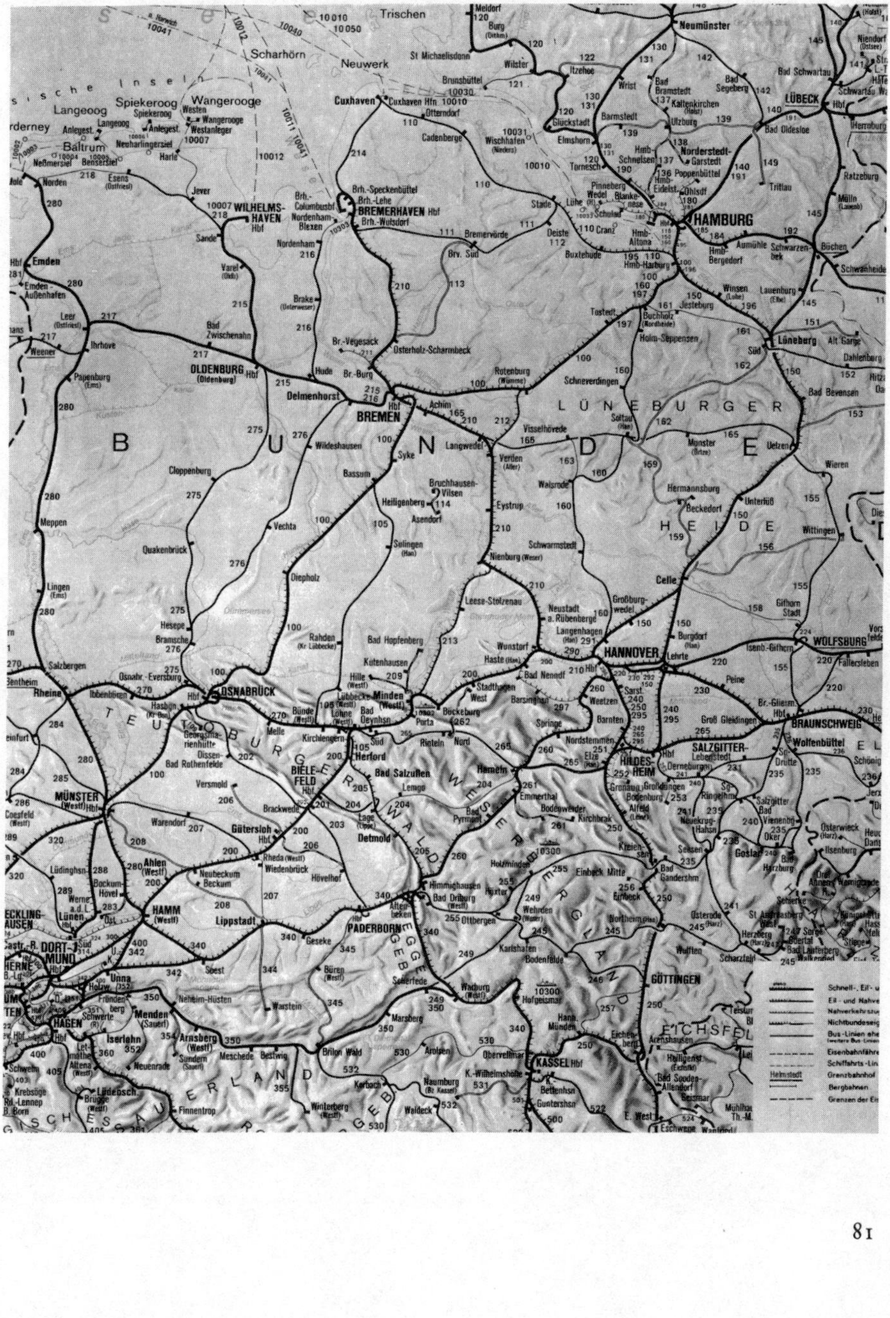
Trischen
Scharhörn
Neuwerk
Langeoog
Spiekeroog
Wangerooge
Baltrum
Norden
Emden
Leer
Weener
Papenburg
Wilhelmshaven
Jever
Varel
Cuxhaven
Bremerhaven Hbf
Nordenham
Brake
Oldenburg (Oldenburg)
Delmenhorst
Bremen
Hude
Osterholz-Scharmbeck
Bremervörde
Stade
Neumünster
Itzehoe
Glückstadt
Elmshorn
Hamburg
Lübeck
Bad Oldesloe
Ratzeburg
Büchen
Lüneburg
Buchholz
Rotenburg (Wümme)
Verden (Aller)
Soltau
Uelzen
Lüneburger Heide
Nienburg (Weser)
Celle
Hannover
Wolfsburg
Braunschweig
Salzgitter
Hildesheim
Goslar
Cloppenburg
Meppen
Lingen (Ems)
Vechta
Quakenbrück
Diepholz
Sulingen
Minden (Westf)
Osnabrück
Rheine
Bünde
Herford
Bielefeld
Bad Salzuflen
Detmold
Hameln
Bad Pyrmont
Münster (Westf)
Gütersloh
Paderborn
Lippstadt
Hamm (Westf)
Ahlen (Westf)
Dortmund
Unna
Soest
Hagen
Iserlohn
Arnsberg (Westf)
Meschede
Brilon Wald
Warburg (Westf)
Holzminden
Einbeck
Northeim
Göttingen
Kassel Hbf
Teutoburger Wald
Weserbergland
Eggegebirge
Sauerland
Eichsfeld
Bundes
Schnell-, Eil- u
Eil- und Nahve
Nahverkehrszug
Nichtbundeseig
Bus-Linien
Eisenbahnfähre
Schiffahrts-Lin
Helmstedt Grenzbahnhof
Bergbahnen
Grenzen der Ei

Fernverbindungsnetz der Deutschen Bundesbahn (Norddeutschland)

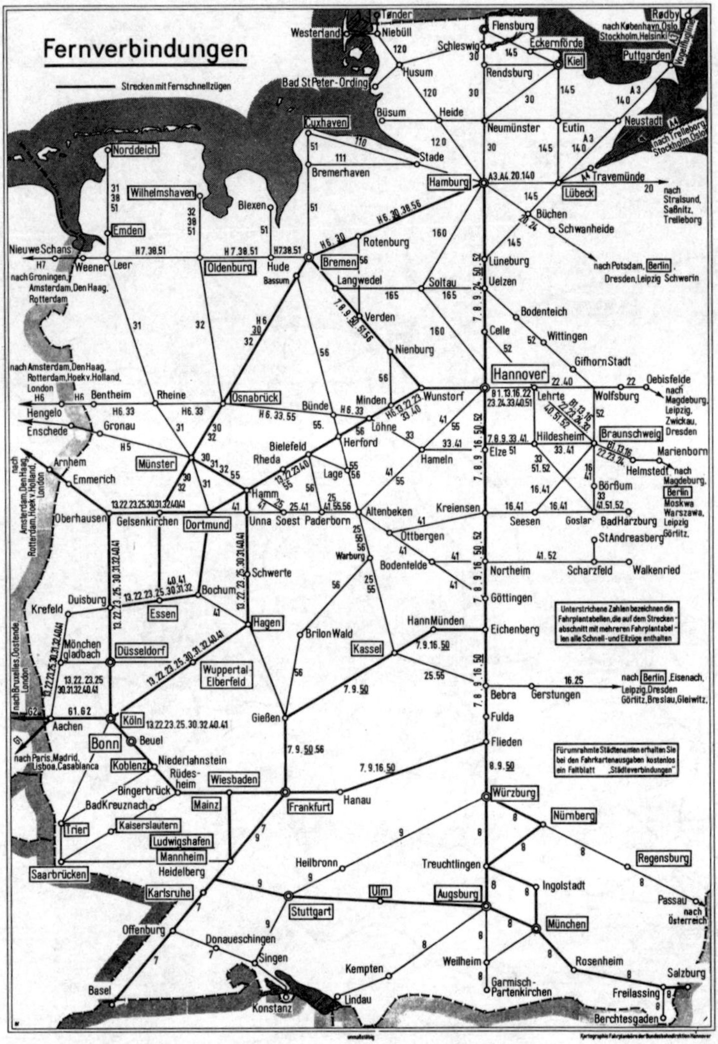

H 6 Hamburg und Hannover–Osnabrück–Bentheim–Niederlande

km	Zug Nr			D 234	D 1244		D 236	E 2532	4104	E 3871	E 2230			E 2440	D 619	E 2232	D 238		D 538
					WARSZAWA-HOEK-EXPRESS		NORD-WEST-EXPRESS (A 3) von København	1)			5)			1)			NORDSEE-EXPRESS		
0	Hamburg Hbf	30	ab	3.16		...	4.02		...	...		...	...		7.00	...	7.00	...	6.55
116	Bremen Hbf	30	ab	4.27	...	...	5.10	6.39	...	...	...	...	...	...	8.14	...	8.14	...	10.07
238	Osnabrück Hbf	30	an	5.33	...	...	6.15	7.59	...	...	...	...	...	...	9.16	...	9.16	...	11.12
	Berlin Zool Garten	13	ab		0.20	...		...	...	...	...	...	...	...		...		...	...
	Braunschweig Hbf	33	ab		3.34	...		...	...	...	...	...	...	6.35		...		...	...
	Hannover Hbf	33	an		4.12	...		...	...	...	...	...	...	7.18	...	...		...	...
	Bad Harzburg	51	ab		...	...		...	...	...	...	...	...	5.47	...	...	...	...	...
	Goslar	51	ab		...	...		...	...	...	...	...	...	6.08	...	...	...	...	...
	Hildesheim Hbf	51	ab		...	...		...	...	...	...	...	...	6.56	...	...	...	...	...
	Hannover Hbf	51	an		...	...		...	...	...	...	...	...	7.23	...	...	...	...	...
0	Hannover Hbf	33	ab		4.30	...			✕5.17	...	...	...	...	7.33		...	...	...	
65	Minden (Westf)	33			5.08	...			6.27	...	...	...	...	8.22		...	...	...	
86	Löhne (Westf)	33			|	...			✕6.49	6.55	...	...	...	8.38		...	...	...	
96	Bünde (Westf)	33			5.29	...			an	7.44	...	...	...	8.46		...	...	...	
133	Osnabrück Hbf	33	an	5.33	5.50	...	6.15	7.59	...	8.07	...	...	...	9.09	9.16	...	9.16	...	11.12
238	Osnabrück Hbf	33	ab	...	5.54	...	6.25	...	...	...	8.16	...	...	...	...	9.30	9.30	...	...
	Münster (Westf) Hbf	280	ab	...	...	...	5.56 1)	...	...	...	✕7.54 1)	...	...	...	...		✕9.27	...	...
	Rheine	280	an	...	...	...	6.28 1)	...	...	...	✕8.26 1)	...	...	...	...	...	✕9.56	...	...
286	Rheine	33	ab	...	6.23	...	7.01	...	...	...	8.43	...	...	...	...	9.57	10.01	...	...
307	Bentheim MEZ	33	an	...	6.37	...	7.14	...	...	...	8.56	...	...	...	...	10.11	10.13	...	...
307	Bentheim MEZ	27000	ab	...	6.49	...	7.26	...	...	...	9.08	...	...	...	...	10.23	10.25	...	...
322	Oldenzaal OEZ	27000	an	...		...	8.37	...	...	...		...	...	...	...	11.34		...	...
322	Oldenzaal OEZ	27000	ab	...	|	...	8.38	...	...	...	|	...	...	...	...	11.34	|	...	...
333	Hengelo	27000	an	...	8.09	...	8.47	...	...	...	10.29	...	...	...	...	11.42	11.46	...	...
	Zug Nr					1628		630			1636	536	638				(238)	642	
								1)					1)					1)	
333	Hengelo	27000	ab	...	8.22	✕8.34	8.49	8.52	...	...	✕10.34	...	10.52	...	...	...	11.49	11.52	...
347	Almelo	27000	an	...		8.45		9.07	...	...	10.45	...	11.07	...	...	...	|	12.07	...
386	Deventer	27000	an	...		9.10		9.39	...	...	11.09	...	11.39	...	...	...	12.28	12.39	...
401	Apeldoorn	27000	an	...		9.23		9.57	...	...	11.23	...	11.57	...	...	...	12.41	12.57	...
444	Amersfoort	27000	an	...	9.36	9.51	10.03	10.23	...	...	11.51	...	12.23	...	...	...	13.10	13.23	...
444	Amersfoort	27012	ab	...	...	9.56	10.25	...	...	...	11.56	...	12.26	...	...	...	13.26	13.26	...
489	Amsterdam CS	27012	an	...	...	✕10.30	10.52	...	...	...	✕12.30	...	13.00	...	...	...	14.00	14.00	...
444	Amersfoort	27003	ab	...	9.40	...	10.09	10.27	...	...	...	✕11.57	12.27	...	...	...	13.12	13.27	...
465	Utrecht CS	27003	an	...	9.55	...	10.25	10.41	...	...	...	✕12.11	12.41	...	...	...	13.28	13.41	...
465	*Utrecht CS*	27003	ab	...	10.09	...	10.39	11.09	...	...	...	✕12.39	13.09	...	...	...	13.39	14.09	...
515	*Leiden*	27003	an	...	10.48	...	11.18	11.48	...	...	...	✕13.18	13.48	...	...	...	14.18	14.48	...
465	Utrecht CS	27003	ab	...	...	...	|	10.47	...	...	...	✕12.17	12.47	...	...	...	|	13.47	...
526	Den Haag CS	27003	an	...	...	...	|	11.26	...	...	...	✕12.55	13.26	...	...	...	|	14.26	...
465	Utrecht CS	27003	ab	...	10.04	...	10.34	10.45	...	...	...	✕12.15	12.45	...	...	...	13.34	13.45	...
514	Schiedam-Rotterdam West	27003	an	...	10.48	...	11.18	|	...	...	...	|	|	...	...	...	|	|	...
518	Rotterdam CS	27003	an	...	|	...	|	11.21	...	...	...	✕12.51	13.21	...	...	...	14.07	14.21	...
545	Hoek v Holland Hav	27013	an	...	11.10	...	11.40	...	...	...	...	13.52	14.22	...	...	...	14.40	15.22	...

Rhythmischer Fahrplan Hamburg–Münster 7 D-Zugpaare im 2-Stunden-Rhythmus

* 100 Hamburg – Bremen – Osnabrück – Münster

(*Elektrischer Betrieb*) Bus: Hmb-Harburg–Rotenburg 1882 Rotenburg–Bremen 1885 Bremen–Diepholz 2706 Diepholz–Osnabrück 2850

km			6484 6884	D 234	4376	D 236		Bus			5006	Bus	5008	4408 1)	Bus	E 3300	Bus	4304	130
	Flensburg 131	ab	21.00	...	...	...	...	...	...	...	...	...	...	...	...	...	...	...	4.35
	Kiel Hbf 130	ab	21.50	...	...	...	...	...	...	...	...	...	...	4.00	...	...	...	...	5.06
	Westerland (Sylt) 120	ab	...	...	...	...	...	...	...	...	...	...	...	...	...	...	...	...	...
	BD Hamburg			København–Puttgarden–Hamburg–Essen–Köln–Aachen–Paris		NORD-WEST-EXPRESS København–Puttgarden–Hamburg–Hoek v Holland (–London)													TOLLER BOMBERG Hamburg–Dortmund–Wuppertal–Köln
0	Hamburg-Altona	ab			...		...	...	...	...	...	...	...	...	...	5.54	...	...	6.22
5	Hamburg Dammtor	ab	...		...		...	...	...	...	...	...	...	...	...	6.01	...	...	6.29
7	Hamburg Hbf	an	...		...		...	...	...	...	...	...	...	...	...	6.04	...	...	6.32
	Lübeck Hbf 191	ab	...	2.14	...	3.04	...	...	...	...	...	...	...	...	...	✕5.08	...	...	5.39
7	Hamburg Hbf (Gesamtverkehr siehe 197)	ab	0.20	3.16	...	4.02	...	...	...	...	...	...	...	5.55	...	6.10	...	✕6.15	6.35
11	Veddel		0.26		...		...	...	...	...	...	...	...	6.01	...		...	6.21	
13	Hamburg-Wilhelmsburg		0.29		...		...	...	...	...	...	...	...	6.04	...		...	6.24	
19	Hamburg-Harburg 110. 150	an	0.34		...		...	...	...	...	...	...	...	6.09	...	6.24	...	6.29	6.46
19	Hamburg-Harburg	ab	...		p 0.44		...	...	...	...	...	...	...	...	† 6.15	6.27	...	6.31	6.46
27	Hittfeld		...		0.51		...	...	...	...	...	...	...	...	6.27	|	...	6.38	
33	Klecken		...		0.55		...	...	...	...	...	...	...	...	6.35	|	...	6.43	
39	Buchholz (Nordheide) 160. 161	an	...		1.00		...	...	...	...	...	...	...	...	6.41	6.38	...	6.47	
39	Buchholz (Nordheide)	ab	...		1.01		...	...	...	...	...	...	...	...	6.41	6.39	...	6.48	
44	Sprötze		...		1.05		...	†4.37	...	...	...	...	...	...	6.52	|	...	6.52	
50	Tostedt		...		p 1.10		...	†4.55	...	...	...	✕5.30	...	...	† 7.02	6.46	✕6.48	✕6.57	
57	Königsmoor		...		an		...	an	...	...	...	|	...	...	weiter	|	7.02	an	
64	Lauenbrück		...		...		...	...	...	...	...	5.50	...	...	siehe	|	✕7.14	...	
70	Scheeßel		...		...		...	...	...	...	...	5.56	...	...	nächste	6.56	weiter	...	
80	Rotenburg (Wümme) 212	an	...		...		...	...	...	...	...	✕6.08	...	...	Seite	7.02	siehe	...	
80	Rotenburg (Wümme)	ab	...		...		...	...	...	...	✕5.24	...	6.19	...	...	7.03	rechts	...	
89	Sottrum		...		...		...	...	...	...	5.30	...	6.25	...	...	|	...	...	
97	Ottersberg (Han)		...		...		...	...	...	...	5.36	...	6.31	...	...	|	...	...	
105	Sagehorn		...		...		...	...	...	...	5.42	...	6.37	...	...	|	...	...	
111	Bremen-Oberneuland		...		...		...	...	...	...	5.47	...	6.42	...	...	|	...	...	
122	Bremen Hbf	an	...	4.24	...	5.07	...	...	...	...	✕5.56	...	6.51	...	...	7.25	...	...	7.33
	Bremerhaven Hbf 210	an	...	...	...	✕6.11	...	...	...	...	✕7.25	...	7.52	...	...	...	...	...	...
	Wilhelmshaven Hbf 215	ab	...	...	...	...	...	...	...	...	...	...	5.20	...	...	...	...	...	6.02
	Oldenburg (Oldb) Hbf 215	ab	...	...	...	...	...	...	...	...	✕4.52	...	✕6.09	...	...	...	...	...	6.49
	Bremerhaven Hbf 210	ab	...	...	...	...	...	...	...	...	4.58	✕5.39	5.43	...	...	...	...	...	✕6.32
	BD Hannover — Zug Nr		Bus		Bus		Bus	E 3370 2)	Bus	E 2832		E 2532 5)	5012	Bus	Bus		Bus		
122	Bremen Hbf	ab	...	4.27	...	5.10	...	...	...	...	✕6.13	6.39	✕7.10	...	...	...	...	...	7.34
129	Bremen-Hemelingen		...		...		...	...	...	...	6.18	|	7.15	...	...	...	...	...	
133	Dreye		...		...		...	...	...	...	6.22	|	7.20	...	...	...	...	...	
138	Kirchweyhe		...		...		...	...	...	...	6.29	|	7.24	...	...	...	...	...	
142	Barrien		...		...		...	...	...	...	6.33	|	7.28	...	...	...	...	...	
146	Syke		...		...		...	...	...	...	6.38	6.52	7.32	...	...	...	...	...	
151	Bramstedt (b Syke)		...		...		...	...	...	...	6.42	|	7.36	...	...	...	...	...	
155	Bassum 105	an	...		...		...	...	...	...	6.46	6.58	7.40	...	...	...	...	...	
155	Bassum	ab	...		...		...	...	...	...	6.47	6.58	7.41	...	...	...	...	...	
164	Twistringen		...		...		...	...	...	...	✕6.53	7.05	✕7.47	...	✕7.55	...	...	...	
172	Drentwede		...		...		...	...	...	...	an	7.10	an	...	8.04	...	...	...	
178	Barnstorf (Han)		...		...		...	...	...	...	...	7.15	...	...	8.10	...	...	...	
184	Drebber		...		...		...	...	...	...	...	7.20	...	...	8.19	...	...	...	
192	Diepholz	an	...		...		...	...	...	...	...	7.24	...	...	✕8.35	...	...	...	
192	Diepholz	ab	...		...		...	6.03	6.05	✕6.37	Bus	7.25	...	...	...	...	...	...	
201	Lembruch		...		5.47		...	|	✕6.22	|		|	...	✕7.10	...	...	...	...	
208	Lemförde		...		6.04		...	6.12	✕6.38	6.46	...	7.35	←	✕7.26	...	...	...	...	
220	Bohmte		✕4.45		an		...	6.19	an	6.53	✕6.38	7.42	...	an	...	...	...	...	
228	Ostercappeln		5.00		...		✕5.47	|	...	|	6.47	|	...	...	...	...	✕7.51	...	
234	Vehrte		5.11		...		5.56	|	...	|	7.08	|	...	...	...	...	8.05	...	
245	Osnabrück Hbf	an	✕5.36	5.33	...	6.15	✕6.25	6.36	...	✕7.10	✕7.30	7.59	...	...	...	...	✕8.28	...	8.31
	Hannover Hbf 200	ab		...	4.30	...	...	...	...	...	...	...	...	...	...	...	...	...	...
	Löhne (Westf) 270	ab	...	...	...	...	...	...	...	✕6.27		...	...	...	...	...	...	...	7.28
	Oldenburg (Oldb) Hbf 275	ab	...	...	...	...	...	...	...	...	...	✕6.16	...	...	...	...	...	...	✕6.58
	Zug Nr		8600		E 2683		8606 2)				8608					8612			
245	Osnabrück Hbf	ab	5.30	5.46	✕6.12	...	✕6.34	...	...	✕7.14	✕7.27	8.01	...	...	...	†8.22	...	...	8.32
253	Hasbergen (Kr Osnabrück) 109		5.36		|	...	6.40	...	...	|	7.33		...	...	...	8.28	...	...	
258	Natrup-Hagen		5.40		|	...	6.44	...	...	|	7.37		...	...	...	8.33	...	...	
263	Lengerich (Westf) BD Essen		5.45		6.23	...	6.52	...	...	7.26	7.43	8.12	...	...	...	8.45	...	...	
271	Kattenvenne		5.51		nach Altenbeken	...	6.57	...	...	nach Köln	7.48	|	...	...	...	8.50	...	...	
277	Brock-Ostbevern		5.56			...	7.02	...	...		7.53	|	...	...	...	8.56	...	...	
283	Westbevern		6.01			...	7.08	...	...		7.58	|	...	...	...	9.02	...	...	
289	Sudmühle		|			...	|	...	...		|	|	...	...	...	|	...	...	
295	Münster (Westf) Hbf	an	6.10	6.15	✕6.40	...	✕7.18	...	...	✕7.43	✕8.07	8.30	...	...	...	†9.12	...	...	8.58

Zuglauf E 2532: Bremen–Essen–Altenessen–Köln

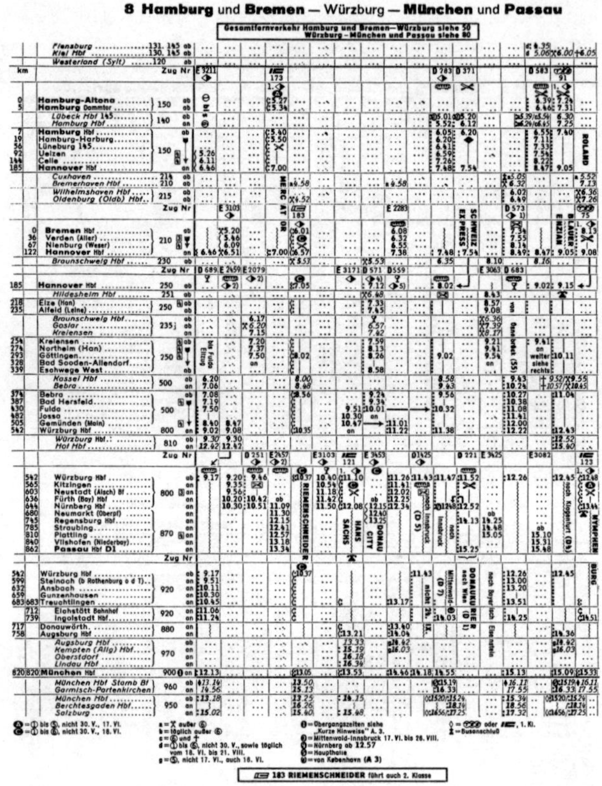

8 **Hamburg** und **Bremen** — Würzburg — **München** und **Passau**

Gesamtfernverkehr Hamburg und Bremen—Würzburg siehe 50
Würzburg—München und Passau siehe 80

183 RIEMENSCHNEIDER führt auch 2. Klasse

2. Streckennetze

Betrachte die Darstellung des Streckennetzes der Deutschen Bundesbahn im Raum Niedersachsen/Bremen/Ostwestfalen.

Aufgaben

1. Ist in der Bezeichnung »Streckennetz« der Begriff »Strecke« im mathematischen Sinn gebraucht?

2. Wodurch kann man auf dem Streckennetz

a) elektrifizierte von nicht-elektrifizierten Strecken,

b) Schnellzugstrecken von bloßen Eilzugstrecken unterscheiden?

3. Bahnhöfe sind in dem Streckennetz durch kleine schwarze Rechtecke markiert. Es gibt Bahnhöfe ohne Umsteigemöglichkeit, zum Beispiel Diepholz (auf der Strecke Bremen-Osnabrück), und es gibt Bahnhöfe mit Umsteigemöglichkeiten, z. B. Leer (Ostfriesl.), wo die Strecken 217 und 280 zusammentreffen.

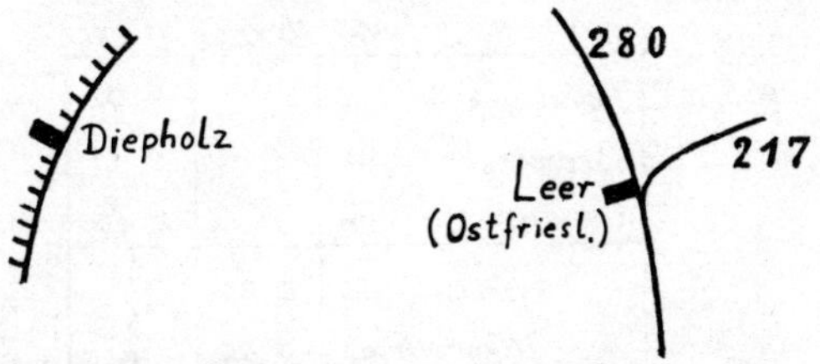

Auf der kürzesten Verbindung von Bremen nach Wilhelmshaven (Strecke 215) liegen die Umsteigebahnhöfe Delmenhorst, Hude, Oldenburg, Sande. Zähle für weitere Strecken auf alle ihnen liegenden Umsteigebahnhöfe auf:

a) Bremen – Wolfsburg (Strecken 210, 220)
b) Hannover – Hamburg (über Lüneburg; Strecke 150)
c) Hannover – Hamburg (über Walsrode, Soltau; Strecke 160)

4. Vergleiche die Fährverbindung Cuxhaven – Brunsbüttel mit der Eisenbahnverbindung Cuxhaven – Brunsbüttel.

5. Vergleiche auf dem »Streckennetz der DB im Raum Niedersachsen/Bremen/Ostwestfalen« und auf dem »Fernverbindungsnetz Norddeutschland« die Darstellungen der Eisenbahnverbindung
Dortmund – Hamm – Bielefeld – Herford – Wunstorf.
Was fällt Dir auf? Was mag der Grund sein für die im Fernverbindungsnetz gewählte Darstellung der Verbindung Dortmund – Wunstorf?
Nenne andere Verbindungen, die auf die gleiche Weise dargestellt sind.

3. Fahrpläne lesen

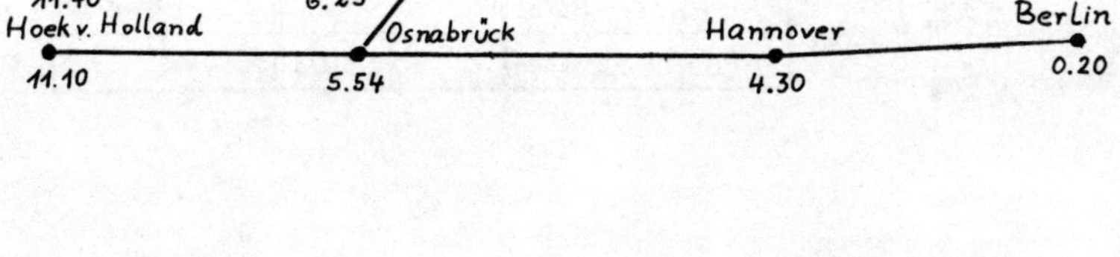

Leg dieses Netz neben den Fahrplan H6 (Hamburg und Hannover-Niederlande) und betrachte dazu die Fahrpläne des Warszawa-Hoek-Expresses (Zug Nr. 1244) und des Nord-West-Expresses (Zug Nr. D 236). Beide Züge fahren von Osnabrück an auf der gleichen Strecke bis Hoek v. Holland. Die Teilstrecken *bis* Osnabrück sind jedoch verschieden.

Zug Nr.		D1244	D236
Hamburg	ab		4.02
Bremen	ab		5.10
Osnabrück	an		6.15
Berlin	ab	0.20	⌇
Hannover	ab	4.30	⌇
Osnabrück	an	5.50	⌇
Osnabrück	ab	5.54	6.25
Hoek v. Holland	an	11.10	11.40

Trotzdem gelingt es, die Fahrpläne *beider* Züge in ein und derselben Ort-Zeit-Tafel darzustellen. Das geschieht mit einer bestimmten Technik des Einrückens, deren Prinzip durch die nebenstehende Tabelle deutlich wird.

Aufgaben

1. Suche und erkläre weitere solche Einrückungen im Fahrplan Nr. 8 (Hamburg und Bremen – Würzburg – München und Passau).
2. Suche im Fahrplan Nr. 8 die Fahrpläne der Züge IC 173 und IC 183 (IC = Intercity), sowie die Fahrpläne des TEE 91 und des TEE 75 (TEE = Trans-Europa-Expreß) und trag in die untenstehende Tabelle die fehlenden Abfahrts- und Ankunftszeiten ein.

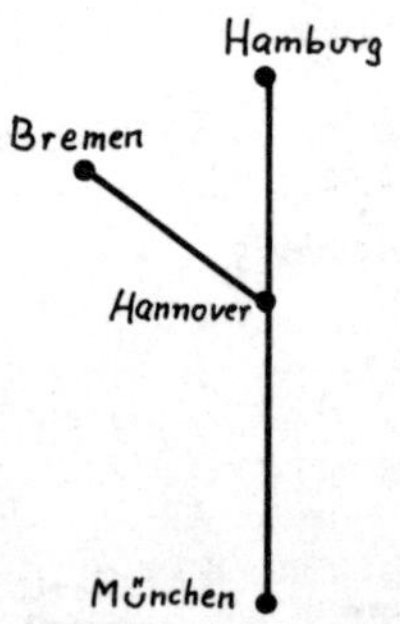

Zug Nr.	IC 173		TEE 91	
Hamburg Hbf. ab	5.40		7.40	
Hannover Hbf. an				
Zug Nr.		IC 183		TEE 75
Bremen Hbf. ab	⌇	6.01	⌇	8.13
Hannover Hbf. an	⌇		⌇	
Hannover Hbf. ab				
München Hbf. an		13.05	15.09	

Ein Bremer und ein Hamburger möchten a) gegen 13 Uhr, b) gegen 15 Uhr in München eintreffen. In welchen Fällen müssen sie in Hannover umsteigen?

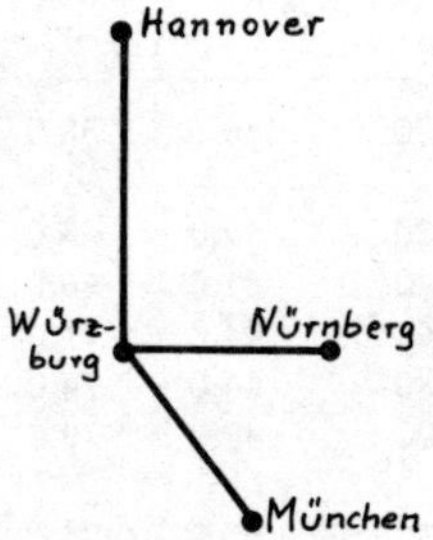

3. Stell anhand desselben Fahrplans Nr. 8 einen einfachen Fahrplan der Züge IC 183 und E 3103 für das obenstehende Netz auf.
4. Ermittle in jedem der folgenden Fälle eine günstige Abfahrtszeit:

a) ein Hamburger Kaufmann hat um 9 Uhr in Hannover eine geschäftliche Besprechung (siehe Fahrplan Nr. 8).

b) ein Bremer Kaufmann möchte um ca. 9^{00} in Münster eintreffen (siehe Fahrplan Nr. 100 Hamburg – Bremen – Osnabrück – Münster).

c) jemand trifft an einem Werktag um 6.45 h auf dem Bremer Hauptbahnhof ein und nimmt den nächten Zug nach Bassum (siehe Fahrplan Nr. 100).

4. Fahrpreise und Reisegeschwindigkeit

Auf den Fahrplänen Nr. H6, 8, 100 befinden sich links neben den Stationsnamen Entfernungsangaben. Daraus lassen sich die Eisenbahnentfernungen der auf der Strecke liegenden Orte bestimmen. So ergibt sich z. B. für die Entfernung Bremen – Bassum: 155 km – 122 km = 33 km (siehe Fahrplan Nr. 100). Aus den Entfernungen lassen sich schließlich unter Benutzung einer Fahrpreistabelle die zugehörigen Fahrpreise berechnen. Dabei ist jedoch zu beachten:

»21. Fahrpreisberechnung, Reisewege
Der Fahrpreis wird nicht nach den in den Fahrplänen angegebenen Streckenkilometern, sondern nach festgesetzten Tarifentfernungen berechnet. Die Tarifentfernung ist auf dem Fahrausweis angegeben. Sie entspricht nicht in allen Fällen der wirklichen Entfernung. Wenn nämlich zwischen zwei Bahnhöfen mehrere Verbindungrn mit geringen Entfernungsunterschieden bestehen, wird eine einheitliche Tarifentfernung angewandt.«
(Zitat aus dem Kursbuch der DB)

22. Fahrpreise für einfache Fahrt

km	2. Klasse	1. Klasse	km	2. Klasse	1. Klasse	km	2. Klasse	1. Klasse
1– 10	1,2	2,0	**281–300**	36,0	58,0	**911– 940**	116,0	186,0
11– 20	1,8	3,0				**941– 970**	119,0	191,0
21– 30	3,0	4,8	**301–320**	39,0	63,0	**971–1000**	123,0	197,0
31– 40	4,2	6,8	**321–340**	41,0	66,0			
41– 50	5,4	8,8	**341–360**	44,0	71,0	**1001–1050**	128,0	205,0
			361–380	46,0	74,0	**1051–1100**	134,0	215,0
51– 60	7,0	12,0	**381–400**	49,0	79,0	**1101–1150**	141,0	226,0
61– 70	8,0	13,0				**1151–1200**	147,0	236,0
71– 80	9,0	15,0	**401–430**	52,0	84,0	**1201–1250**	153,0	245,0
81– 90	11,0	18,0	**431–460**	56,0	90,0			
81– 90	11,0	18,0	**431–460**	56,0	90,0			
91–100	12,0	20,0	**461–490**	59,0	95,0	**1251–1300**	159,0	255,0
			491–520	63,0	101,0	**1301–1350**	166,0	266,0
101–110	13,0	21,0	**521–550**	67,0	108,0	**1351–1400**	172,0	276,0
111–120	14,0	23,0				**1401–1450**	178,0	285,0
121–130	16,0	26,0	**551–580**	71,0	114,0	**1451–1500**	184,0	295,0
131–140	17,0	28,0	**581–610**	74,0	119,0			
141–150	18,0	29,0	**611–640**	78,0	125,0	**1501–1550**	191,0	306,0
			641–670	82,0	132,0	**1551–1600**	197,0	316,0
151–160	19,0	31,0	**671–700**	86,0	138,0	**1601–1650**	203,0	325,0
161–170	21,0	34,0				**1651–1700**	209,0	335,0
171–180	22,0	36,0	**701–730**	89,0	143,0	**1701–1750**	216,0	346,0
181–190	23,0	37,0	**731–760**	93,0	149,0			
191–200	24,0	39,0	**761–790**	97,0	156,0	**1751–1800**	222,0	356,0
			791–820	101,0	162,0	**1801–1850**	228,0	365,0
201–220	26,0	42,0	**821–850**	104,0	167,0	**1851–1900**	234,0	375,0
221–240	29,0	47,0				**1901–1950**	241,0	386,0
241–260	31,0	50,0	**851–880**	108,0	173,0	**1951–2000**	247,0	396,0
261–280	34,0	55,0	**881–910**	112,0	180,0			

Für höhere Entfernungen wird dem Fahrpreis für 2000 km der Preis für die um 2000 km gekürzte Tarifentfernung zugeschlagen.
Für Hin- und Rückfahrt sind die angegebenen Fahrpreise 1. oder 2. Klasse zu verdoppeln.

In den folgenden Aufgaben sollen der Einfachheit halber die Fahrpreise für die aus den Fahrplänen ermittelten Entfernungen bestimmt werden.

Aufgaben

1. Welche Strecke legt der Nord-West-Expreß D 236 (Fahrplan Nr. 100) zwischen Hamburg Hbf und Münster zurück und was kostet laut Fahrpreistabelle eine einfache

Fahrt in der 1. Klasse für diese Strecke (die Fahrpreistabelle stammt aus dem Jahr 1978)?

2. Benutze die Entfernungsangaben im Fahrplan Nr. 8, um die Entfernung Bremen – München zu berechnen und bestimme den zugehörigen Preis für eine Rückfahrkarte 2. Klasse.

3. Bestimme die Fahrzeiten des Warszawa-Hoek-Expresses und des Nord-West-Expresses auf der Strecke Osnabrück – Hoek v. Holland. Sind die Züge gleich schnell? (Benutze den Fahrplan H6).

4. Vergleiche die Fahrzeiten des Nord-West-Expresses D 236 und des Eilzuges E 3300 auf der Strecke Hamburg Hbf – Bremen Hbf (siehe Fahrplan Nr. 100). Gib die Geschwindigkeiten beider Züge zunächst in km/min, dann in km/h an.

5. Bestimme für jede der drei Entfernungen 10 km, 100 km, 1000 km den Fahrpreis pro Kilometer (für die 2. Wagenklasse). Vergleiche die Fahrpreise. Ermittle den ungefähren Preis, den eine Fahrkarte im Durchschnitt pro Kilometer kostet!

6. Trage die Fahrpreise für die Entfernungen 1 km, 2 km, 3 km, . . ., 50 km graphisch auf und ermittle auch daraus den durchschnittlichen Preis einer Fahrkarte pro Kilometer.

5. Graphische Fahrpläne

Lastwagen dürfen auf Autobahnen nicht schneller als 80 km/h fahren. Nach Angaben der Polizei wird diese Geschwindigkeitsbegrenzung von der Mehrzahl der Lastwagenfahrer eingehalten. Viele Leute meinen jedoch, daß ihre eigenen Beobachtungen dem widersprechen. Auch Herr Müller ist dieser Meinung. Er fand seine Ansicht erst kürzlich bestätigt:

Auf ihrer Urlaubsfahrt in den Süden befand sich die Familie Müller mit ihren PKW gerade an der Abfahrt Hildesheim der Autobahn Hannover-Kassel, als sie einen lustig bemalten Lastwagen überholten. »Papa«, sagten die Kinder, »fahr bitte genau so schnell wie der Lastwagen, damit wir ihn angucken können«. Der Herr Papa antwortete: »Mit Tempo 80? Dann kommen wir ja nie ans Ziel« und fuhr mit 130 km/h weiter. Als aber nach einer Stunde eine Autobahnraststätte auftauchte, hatte er es gar nicht mehr so eilig und lud seine Familie zu einem Imbiß ein. Erst nach 40 Minuten wurde die Reise fortgesetzt. »Bei Tempo 130«, sagte Herr Müller, »können wir uns solche Pausen ohne weiteres leisten.« Da erschien plötzlich vor ihnen wieder der bemalte Lastwagen, obwohl sie nach dem Raststättenbesuch bereits eine Viertelstunde lang mit der hohen Geschwindigkeit gefahren waren. »Die Polizei sollte endlich diese Raserei der Lastwagen unterbinden« sagte Herr Müller, als er den LKW nun zum zweitenmal überholte, »der ist doch bestimmt mit 90 gefahren, vielleicht sogar mit 100«.

Es gibt verschiedene Möglichkeiten, die Behauptung von Herrn Müller zu prüfen. Dazu die folgenden Aufgaben:

1. Nimm für den LKW die Geschwindigkeit 90 km/h an. Berechne zunächst aus Fahrzeit und Geschwindigkeit des PKW's die Entfernung von der ersten Überholstelle bis zur Raststätte. Kann der LKW während des 40-minütigen Aufenthaltes des PKW's die Raststätte erreichen und, falls ja, in welcher Entfernung hinter der Raststätte überholt der PKW den LKW zum zweitenmal?

2. Berechne aus den im Bericht angegebenen Zeiten und aus der Geschwindigkeit des PKW's die Entfernung zwischen den beiden Überholstellen. Welche durchschnittliche Geschwindigkeit hatte der LKW auf dieser Strecke?

Die Polizei unternimmt nichts gegen einen Fahrer, der die zulässige Höchstgeschwindigkeit um weniger als 10 km/h überschreitet.

3. In das untenstehende Koordinatensystem sind die »Fahrpläne« des PKW's und des LKW's eingetragen. Dabei sind für den PKW die Geschwindigkeit 130 km/h und für den LKW die Geschwindigkeit 85 km/h zugrundegelegt. Welche konkrete Bedeutung haben die Schnittpunkte der beiden Weg-Zeit-Kurven? Wie ändert sich die Weg-Zeit-Kurve des LKW's, wenn der LKW-Fahrer an der Raststätte eine halbstündige Pause einlegt? Trag in das Koordinatensystem die Weg-Zeit-Kurve eines Lastwagens ein, der zur gleichen Zeit wie der PKW die Raststätte mit einer Geschwindigkeit von 60 km/h verläßt.

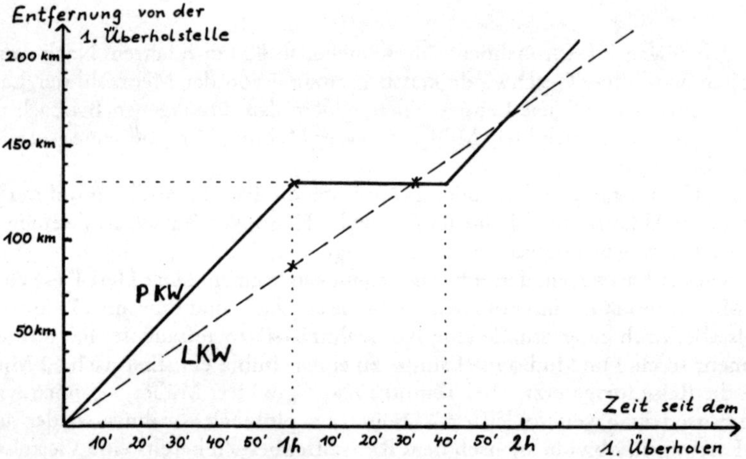

4. Graphische Fahrpläne, wie sie in der vorangehenden Aufgabe betrachtet werden, sind besonders gut geeignet, um die Bewegungen von Eisenbahnzügen in einem Schienennetz übersichtlich darzustellen. Betrachte als Beispiel einen Eilzug und einen

Intercity-Zug, die nach dem folgenden (konstruierten) Fahrplan von A-Stadt nach B-Stadt fahren:

km			E	IC
0	A-Stadt	ab	8.00	8.10
20	B-Stadt	an	8.13	|
		ab	8.22	|
50	C-Stadt	an	8.42	8.35

Es soll nur ein einziges Richtungsgleis geben, so daß der Intercity-Zug den Eilzug im Bahnhof von B-Stadt überholen muß.

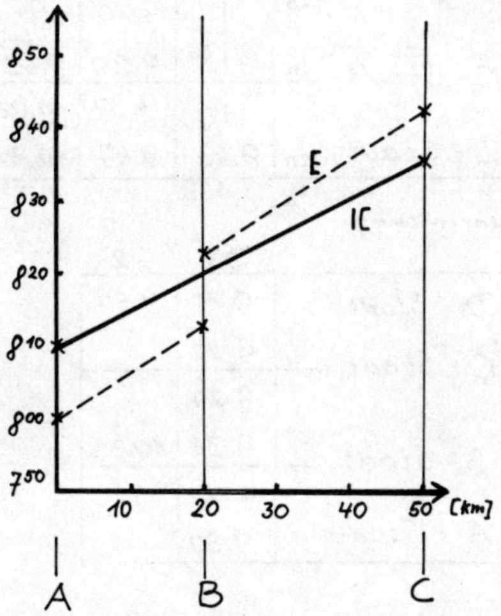

Der zugehörige graphische Fahrplan zeigt, daß der Überholvorgang tatsächlich auf dem Bahnhof von B-Stadt erfolgt.

Beachte: die Wahl der Ordinate als Zeitachse ist bei den graphischen Fahrplänen der Eisenbahn üblich. Das Stehen eines Zuges wird daher durch eine zur Ordinate parallele Strecke dargestellt.

a) Bestimme die Geschwindigkeit des Eilzuges auf den beiden Teilstrecken und die Geschwindigkeit des Intercity-Zuges. Woran erkennt man im graphischen Fahrplan den schnelleren von zwei Zügen?

b) Trag in den graphischen Fahrplan die folgenden weiteren Züge ein:

– einen langsam fahrenden Güterzug (v = 60 km/h), der A-Stadt um 8^{15} h in Richtung C-Stadt verläßt und in B-Stadt nicht hält

– einen Zug, der erst in B-Stadt eingesetzt wird und von dort um 7^{55} h mit derselben Geschwindigkeit wie der Eilzug in Richtung C-Stadt abfährt
– den in A-Stadt mit einer Verspätung von 10 Minuten (also erst um 8^{20} h) abfahrenden Intercity-Zug. (Um welche Zeit verlängert sich dadurch der Aufenthalt des Eilzugs E auf dem Bahnhof von B-Stadt?).

5. Nimm an, daß auf der Strecke zwischen A-Stadt und D-Stadt ein einziges Güterzuggleis und in jeder Richtung ein Personenzuggleis vorhanden sind, und betrachte die folgenden Fahrpläne:

km			IC	D1	G1	D2
0	A-Stadt	ab	9.10		9.05	9.55
20	B-Stadt	an				10.03
		ab		9.10		10.05
50	C-Stadt	an		9.30	9.55	10.19
		ab		9.37	10.06	
65	D-Stadt	an	9.43	9.47	10.21	

Gegenrichtung:

km		D3	G2
0	D-Stadt	9.15	9.50
15	C-Stadt	9.22	
		9.24	
45	B-Stadt	9.38	10.30
		9.40	
65	A-Stadt	9.50	

Können auf dieser Strecke die genannten Züge (IC = Intercity-Zug, D = Schnellzug, G = Güterzug) nach ihren Fahrplänen verkehren, und zwar so, daß auf jedem Gleis ein Sicherheitsabstand von mindestens 5 km zwischen je zwei Zügen eingehalten ist? Durch alleinige Betrachtung der vielen Zahlen in den beiden Fahrplänen ist diese Frage schwer zu beantworten.
Trag nun alle 6 Züge in den folgenden graphischen Fahrplan ein, beantworte die obige Frage und zusätzlich noch die folgenden Fragen:

a) Wann und wo überholt der IC den Güterzug G1?
b) Wann und wo gibt der G1 das (einzige) Güterzuggleis für den entgegenkommenden Güterzug G2 frei?
c) Welchen Abstand haben der IC und der D1 voneinander a) um 9^{20} h, b) um 9^{37} h?

d) Kann man um 9^{03} h in A-Stadt einen Sonderzug, der ebenso schnell ist wie der IC und weder in B noch in C halten soll, in Richtung D abfahren lassen?

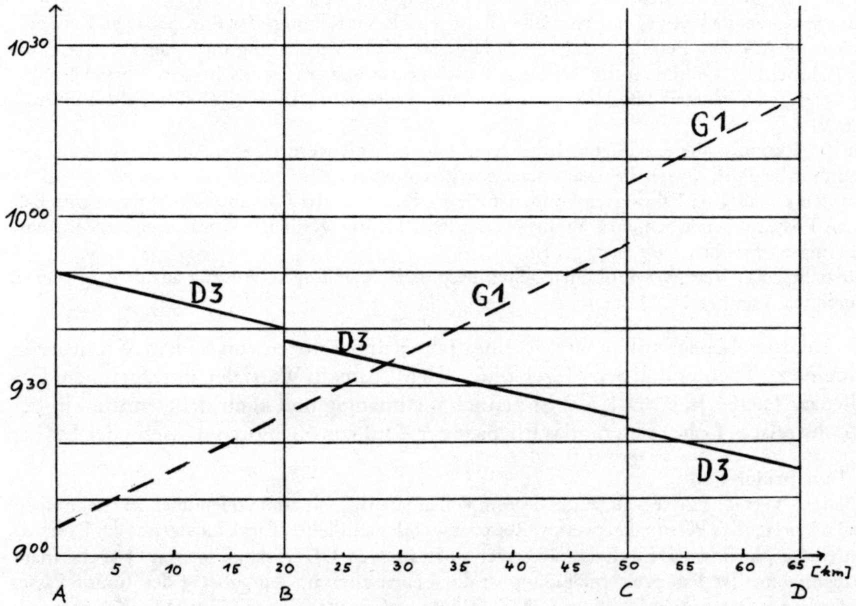

6. Fahrpreise und Fahrpreisermäßigungen

1. Fahrpreisermäßigung für »Senioren«

Den Senioren-Paß

erhalten Frauen, die das 60. und Männer, die das 65. Lebensjahr vollendet haben, darüber hinaus Empfänger von Altersruhegeld und Versicherungsrente wegen Erwerbsunfähigkeit sowie Frühpensionäre gegen Vorlage des Personalausweises oder Reisepasses (bei Senioren) bzw. einer vom Versicherungsamt oder von der zuständigen Betreuungsstelle ausgestellten Bescheinigung (bei Frührentnern und Frühpensionären). Es gibt den Senioren-Paß A für Fahrten an Di/Mi/Do zum Preis von 50,00 DM und den Senioren-Paß B für Fahrten an allen Tagen der Woche zum Preis von 98,00 DM. Mit jedem Senioren-Paß spart der Berechtigte ein Jahr lang – abgesehen von wenigen Terminen – beliebig oft bei jeder Fahrkarte für einfache Fahrt oder für Hin- und Rückfahrt zum gewöhnlichen Fahrpreis – für die 1. oder 2. Klasse – die Hälfte. Die ermäßigten Fahrkarten zu Paß A gelten für Fahrten an Di/Mi/Do, die zu Paß B an allen Tagen der Woche, jedoch nicht

an den in A. 30., Absatz 6 (Vorzugskarte) genannten Ausschlußtagen. Die Karten gelten in allen Personenzügen (Zuschläge gehen extra), und zwar auf Entfernungen bis 50 km an dem angegebenen Geltungstag, auf Entfernungen über 50 km für einfache Fahrt 4 Tage und für Hin- und Rückfahrt 2 Monate. Beliebige Fahrtunterbrechung ist möglich.
Zum Senioren-Paß gibt es eine spezielle »Reisegepäck-Versichung« der Europäischen Reiseversicherung AG. Die Prämie beträgt 10,00 DM. Sie gilt in Verbindung mit einer Fahrkarte, die im Rahmen der Gültigkeit des Senioren-Passes gelöst worden ist. Es besteht Versicherungsschutz gegen Verlust und Beschädigung während der gesamten jeweiligen Reise (Fahrt und Aufenthalte).
Im Zuge können die ermäßigten Fahrkarten nur verkauft werden, wenn die Reise auf einem Bahnhof beginnt, dessen Fahrkartenausgabe geschlossen ist.
Mit den ermäßigten Fahrkarten können auch die Buslinien der Omnibusverkehrsgemeinschaft Bahn/Post, auf denen Schienenfahrausweise gelten, benutzt werden. In den Bussen werden keine ermäßigten Fahrausweise ausgegeben.
Für Fahrten in Verkehrsverbünden gelten besondere Regelungen.(Auszug aus dem amtlichen Kursbuch Sommer 1977)

Ein Rentnerehepaar will innerhalb eines Jahres drei Fahrten von seinem Wohnsitz in Bremen zu Tochter und Schwiegersohn nach Münster in Westfalen unternehmen. Das Ehepaar (sie 64 J., er 69 J. alt) ist zeitlich unabhängig und kann daher mitten in der Woche reisen. Lohnt sich für das Ehepaar der Kauf von »Senioren-Pässen« der DB?

2. **Den Junior-Paß**
erhalten – versuchsweise – Jugendliche vom vollendeten 12. bis zum vollendeten 23. Lebensjahr gegen Vorlage des Personalausweises, Reisepasses oder amtlichen Kinderausweises am Fahrkartenschalter, in einem DER-Reisebüro oder einer anderen DB-Verkaufsagentur. Für die Inanspruchnahme der Fahrpreisermäßigung ist das Lebensalter am Ausgabetag des Junior-Passes maßgebend. Der Junior-Paß kostet 98,00 DM und ist an allen Tagen gültig. Mit ihm spart der Berechtigte ein Jahr lang beim Lösen von gewöhnlichen Fahrausweisen für einfache Fahrt, Rückfahrkarten, Vorzugskarten – für die 1. oder 2. Klasse – die Hälfte. Für die Benutzung von TEE/IC-Zügen sind die tarifmäßigen Zuschläge zu zahlen.

Von welchem ungefähren Jahreskilometerbedarf an lohnt sich für einen Jugendlichen zwischen dem 12. und 23. Lebensjahr der Kauf eines Junioren-Passes?
Nenne einige Beispiele (in Form von geplanten Fahrten mit jeweiligen Fahrpreisangaben).

3. **Mini-Gruppen**
Mit der – zunächst versuchsweise eingeführten – Fahrpreisermäßigung für »Mini-Gruppen« werden vor allem Familienreisen, aber auch gemeinsame Reisen anderer kleiner Gruppen begünstigt, wenn mindestens 2 Erwachsene und 1 Kind, höchstens 5 Erwachsene und 1 Kind teilnehmen. Dazwischen gibt es zahlreiche Kombinationen (z. B. 3 Erwachsene und 5 Kinder). Zwei Kinder zwischen 4 und 12 Jahren zählen tariflich als eine Person.
Während für die 1. und 2. Person der voll tarifmäßige Fahrpreis für Erwachsene entrichtet werden muß, wird jedem weiteren Teilnehmer (auch Kindern zwischen 4 und 12 Jahren) ein Rabatt von 50% eingeräumt. Die Reiseentfernung muß mindestens 31 km betragen. Weitere Auskünfte erteilen die Fahrkartenausgaben, DER-Reisebüros sowie die anderen DB-Verkaufsagenturen.

Du entnimmst dem Text, daß ein Kind zwischen 4 und 12 Jahren tariflich als eine halbe Person zählt. Eine Minigruppe liegt also in ihrer Größe zwischen $2^1/_2$ und $5^1/_2$ Personen, wobei mindestens 2 Erwachsene dabei sein müssen (Der Text ist in dieser Hinsicht nicht ganz klar. Beschreibe, warum?).

a) Wieviele verschiedene Minigruppen sind möglich? (Z. B. 3 Erwachsene mit 4 Kindern, 4 Erwachsene, ...)

b) Eine Familie, bestehend aus Vater, Mutter und 2 Kindern im Alter von 8 und 13 Jahren fährt als Minigruppe von Bremen nach Osnabrück. Berechne den ermäßigten Fahrpreis für eine einfache Fahrt und vergleiche ihn mit dem Fahrpreis für $3^1/_2$ Personen.

7. Fahrkostenvergleich Eisenbahn-PKW

1. Herr Lehmann möchte von Hamburg nach München und zurück fahren. Die Bundesbahn-Entfernung Hamburg – München beträgt 820 km. Wieviel kostet (siehe Fahrpreistabelle) eine Rückfahrkarte 2. Kl. mit einem D-Zug? Herr L. könnte sich für diese Fahrt von seinem Freund einen alten VW-Käfer leihen, für den er nur die »Betriebskosten« zu zahlen brauchte. Die Betriebskosten setzen sich aus 3 Posten zusammen:

a) Benzinverbrauch (10 l auf 100 km; 0,84 DM für 1 Liter Normalbenzin)

b) Ölverbrauch (alle 3000 km ein Ölwechsel; 2,5 l Öl; 1 l Öl kostet 5,70 DM)

c) Reifenabnutzung (alle 60000 km 1 Satz Reifen für 400,– DM)

Berechne die Betriebskosten des PKW's auf der Autobahn Hamburg – München. Vergleiche mit dem Bundesbahnfahrpreis für eine Person! (Die Autobahnentfernung Hamburg – München beträgt 783 km).

2. Die tatsächlichen Kosten pro Kilometer betragen für den in Aufgabe 1 genannten Wagen ca. 0,30 DM. (Betriebskosten, Versicherungen, Reparaturen, Wertminderung). Mit wieviel Personen müßte der PKW besetzt sein, damit diese Personen kostengünstiger fahren als mit der Bundesbahn?

Unterrichtseinheit »Flugreisen«

Inhaltsübersicht

Hinweise für den Lehrer

Der vorliegende, vom Umfang her kleinste, Unterrichtsvorschlag ist etwa für das 6. Schuljahr gedacht und läßt sich in höheren Klassenstufen vertiefen und ausbauen. Vom Mathematikunterricht her wird hier in erster Linie das Sachrechnen angesprochen und in den Rahmen der Planung einer Urlaubs-Flugreise nach Mallorca gestellt.
Die Auswahl der Reise ist von den Statistiken her bestimmt: 1977 buchten fast zwei Drittel aller Reisebüro-Kunden eine Flugreise, die Nachfrage nach Ferienhäusern und -wohnungen ist in den letzten Jahren kontinuierlich gestiegen.
Aus Druckkostengründen haben wir darauf verzichtet, in den Unterrichtsvorschlag Original-Auszüge aus (schnell überholten) Reisekatalogen, Flugkarten usw. einzubringen, sie sind heute leicht zu beschaffen.
Um das Geschehen lebendiger zu gestalten, wurde die Geschichtenform gewählt. Das Interesse kann weiterhin, evtl. verbunden mit dem Besuch eines Großflughafens, auf folgende Punkte gelenkt werden: Flugkilometerpreise, Gepäcklimit, Lösen eines Flugscheines, Versicherungsfragen, Abfertigung am Flughafen, Einrichtungen an Bord, warum fliegt ein Flugzeug, verschiedene Flugzeugtypen (Maße, Gewicht, Verbrauch, Geschwindigkeit), Flugsicherung (Funkleitstrahl, Landehilfen), Verkehrsaufkommen, Grenzen des Flugwesens, Umweltbelastung (Abgase, Lärm).

Literatur-Auswahl

(1) Flugreisen-Kataloge verschiedener Veranstalter, Reisebüros
(2) Lufthansa-Bordbuch, Deutsche Lufthansa AG, Köln
(3) Linienjets, Ein Quartettspiel, Berliner Spielkarten
(4) G. Hilscher, Luftfahrt, Juniorwissen, BLV-Verlagsgesellschaft mbH, München
(5) U. Ganzer, Concorde-Großtechnik zwischen Macht und Mangel, »Bild d. Wiss.«, 1978, Heft 11, S. 182–197

Unterrichtsvorschlag

1. Planung eines Urlaubs auf der Insel Mallorca

Frau und Herr Schmidt aus Frankfurt/Main haben zwei Kinder im Alter von 4 und 6 Jahren. Das 6-jährige Kind geht noch nicht zur Schule, und Schmidts können ihren Urlaub zwischen April und Oktober nehmen. Sie möchten gern für drei Wochen nach Mallorca fliegen. Zunächst holen sie sich aus den Reisebüros viele Reisekataloge von verschiedenen Veranstaltern. Überall wird die Insel gelobt. In einem Katalog lesen sie:

»Die größte Baleareninsel ist nach wie vor auch die beliebteste spanische Urlaubsinsel. 300 km Küste mit rund hundert Stränden und Urlaubsorten und voll verschiedenartigster Landschaftsbilder. Wildschroffe Felsenküsten wechseln mit romantisch einsamen Buchten, große lange Sandstrände, an denen es recht lebhaft zugeht – Sie können wählen. Machen Sie Ausflüge ins interessante Inselinnere: Hoch ins Gebirge von Soller und La Calobra, zur malerisch gewaltigen Kulisse des Cap Formentor, nach Santa Ponsa oder Valldemosa- es gibt viel zu sehen. Palma ist übrigens eine der schönsten Städte Europas.«

Sucht in Eurem Atlas die Baleareninsel Mallorca!
Schmidts haben ganz bestimmte Vorstellungen: Sie wollen ruhig wohnen und mit ihren kleinen Kindern möglichst nicht in ein Hotel gehen. Da entdeckt Frau Schmidt in einem Katalog folgende Anzeige:

»Calas de Mallorca
An der bizarren Südostküste von Mallorca ist in den letzten Jahren ein neues, großes Ferienzentrum entstanden – Calas de Mallorca. Es liegt 15 km südlich von Porto Christo. Die Entfernung zum Flughafen Palma beträgt eine Autostunde (ca. 60 km) Calas de Mallorca liegt zwischen zwei Sandbuchten, der Cala Atena und der Cala Domingo. Beide Buchten liegen ca. 1500 m auseinander.
Beschreibung der Bungalows:
Wohnraum, Eßzimmer Küche mit Gasherd, Kühlschrank, Geschirr etc. 2 Doppelschlafzimmer, Vollbad mit Dusche. Gemeinschaftlicher Schwimmingpool sowie Kinderplanschbecken. Ruhige Lage, Ideal für Familien, die sich wie zu Hause fühlen wollen.«

Am Ende des Katalogs finden sie Reisetermine und Preise:

Preise pro Person

Ort/Hot. bzw. Bungalow alle m. Bad/WC u. Balk./Terr.	Bes. Leist.	A Reised. i. Woch. 1 2 3	B Reised. i. Woch. 1 2 3	C Reised. i. Woch. 1 2 3	D Reised. i. Woch. 1 2 3	E Reised. i. Woch. 1 2 3	Zuschläge pro Woche u. Person 7Tg Verl.	EZ	HP	VP
PUERTO CRISTO Hostal Saboga ÜF	3:2	375 468 568	418 512 612	450 543 637	557 797 673	657 677 773	97	18	34	47
Calas de Mallorca Bungalow Ü (Preis p. Person b. Beleg. m. 4 Pers.)	3:2	388 491 591	432 535 635	473 585 696	512 637 740	612 737 840	110			

ÜF = Übernachtung, Frühstück EZ = Einzelzimmer HP = Halbpension
Ü = Übernachtung VP = Vollpension

Abflughafen Frankfurt	Abflugtage Mo, Do, Fr, Sa
April	A
Mai	B
Juni	C
Juli	E
August	D
September	C
Oktober	A

Schmidts möchten einen Bungalow mieten. Frau Schmidt entdeckt in der Spalte »Besondere Leistungen« den geheimnisvollen Hinweis »3:2«. Schließlich findet sie an einer anderen Stelle:

»3 : 2 3 Wochen-Reisen zu 2 Wochen-Preisen.
Gilt für alle Termine im April, Mai und Oktober.«

Schmidts beschließen, im Mai zu fliegen. Dabei stellen sich folgende Aufgaben:

(1) Wie teuer wird die dreiwöchige Urlaubsreise im Mai, wenn Familie Schmidt pro Tag DM 40 für die Verpflegung und noch insgesamt 300 DM Taschengeld extra ansetzt?

(2) Wie teuer wäre die Reise im April, wie teuer in der Hauptreisezeit im Juli?

(3) Familie Schmidt überlegt, ob man eine ruhige Pension beziehen könnte. Deshalb berechnen sie noch die Kosten für einen dreiwöchigen Urlaub im Mai im Hostal Saboga in Porto Cristo. Ist dieser Urlaub preisgünstiger? Familie Schmidt möchte, daß die beiden Kinder von den Eltern getrennt in einem Doppelzimmer schlafen.

2. Flugzeug oder Auto?

»Ich weiß nicht, wo Porto Cristo auf der Insel liegt«, sagt Frau Schmidt. Herr Schmidt holt einen Atlas. Beschreibt, wo Porto Cristo liegt.

In dem Reisekatalog steht, daß die Flugreise mit einer Boeing 727B durchgeführt wird. Herr Schmidt interessiert sich für den Flugzeugtyp und die Flugroute, und weil er weiß, daß die Lufthansa auch mit diesem Typ fliegt, holt er sich ein »Bordbuch« aus einem Lufthansa-Büro.

Aufgaben

(1) Herr Schmidt liest im »Bordbuch«:

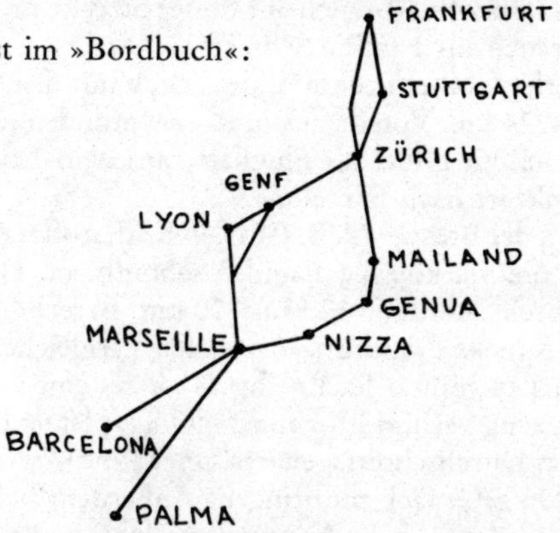

»Man könnte glauben, die kürzeste Verbindung zwischen zwei Orten sei zwangsläufig auch die schnellste, wüßte man nicht, daß Umwege über Nebenstraßen einer vom Verkehrsstrom verstopften Autobahn vorzuziehen sind. Deshalb weichen auch wir beim Fliegen so oft vom geraden Weg ab und kommen nur selten auf dem kürzesten Weg ans Ziel. Wir wollen hemmende Windströmungen meiden und günstige ausnutzen. Wir tun das auf vorgegebenen Luftstraßen. Auch hier müssen wir Verkehrsregeln beachten. Zum Beispiel Abstand halten von Flugzeugen, die mit uns in einer Höhe fliegen. Mindestens zwei Breitengrade weit. Das sind rund 200 Kilometer oder 137 Meilen.«

Auf wieviel verschiedenen Wegen kann die Maschine von Frankfurt nach Palma fliegen?

(2) Bestimme die kürzeste »Luftstraße« von Frankfurt/M. nach Palma durch Ausmessen der Teilstrecken im Atlas. Beachte auf der Karte den angegebenen Maßstab.

(3) *Boeing 727B*

Länge: 46,70 m
Spannweite: 32,90 m
Höhe: 10,40 m
Größte Kabinenbreite: 3,53 m
Kraftstoffverbrauch/h: 5400 l
Reisegeschwindigkeit: 865 km/h
max. Flughöhe: 12 190 m
max. Reichweite: 3490 km
Landegeschw.: 233 km/h
Sitzzplatzanzahl: 146

Das ist der Flugzeugtyp, mit dem Familie Schmidt nach Mallorca fliegt. Wie lange wird der Flug ungefähr dauern? Wieviel Kraftstoff wird die Maschine dabei verbrauchen?

(4) Wie hoch ist der Kraftstoffverbrauch auf dieser Strecke pro Sitzplatz? Wie hoch ist der Kraftstoffverbrauch für Familie Schmidt?
(5) Herr Schmidt überlegt, ob er nach Mallorca auch mit dem Auto fahren könnte. Bis Barcelona sind es 1274 km. Von da aus muß er 9 Stunden mit dem Fährschiff bis Palma fahren. Bestimme mit Hilfe der Flugkarte aus dem Atlas die kürzeste Flugstraße in km von Frankfurt nach Barcelona.
Schätze die Flugzeit mit der Boeing 727B. Gib den Kraftstoffverbrauch des Flugzeugs für diese Strecke für die vierköpfige Familie Schmidt an. Das Auto der Familie Schmidt verbraucht durchschnittlich 12 l für 100 km. Berechne auch hier den Kraftstoffverbrauch für die Strecke Frankfurt-Barcelona. Vergleiche mit dem Flugzeug!
(6) Ein Flugzeug vom Typ Jumbo Jet Boeing 747 kann eine maximale Nutzlast von 51 t zuladen. Das Flugzeug verfügt über max. 490 Sitzplätze, hinzu kommt eine 10-köpfige Besatzung. Das Durchschnittsgewicht einer Person wird mit 70kg angesetzt. Jeder Passagier darf 20 kg Gepäck mitbringen. Außerdem befindet sich noch 1,5 t sonstige Ladung an Bord. Ist die max. Nutzlast erreicht, wenn die Maschine voll besetzt ist?

3. Mit dem Flugzeug nach Amerika

(1) Auf einer Weltkarte im »Bordbuch« sind die Flugstraßen zwischen Europa und Amerika stark gekrümmt eingezeichnet. Z. B. fliegt ein Flugzeug von Frankfurt nach Los Angeles über Grönland (!), dabei liegt Los Angeles südlicher als Frankfurt. Warum fliegt das Flugzeug so? Besorgt Euch einen Globus und spannt einen Wollfaden zwischen Frankfurt und Los Angeles. Was fällt Euch auf?
(2) Ein Flugzeug des Typs Boeing 747 kann eine Kraftstoffmenge von 178 400 l aufnehmen. Es verbraucht 14 700 l/h. Die Strecke Frankfurt Los Angeles beträgt 9322 km. Könnte das Flugzeug diese Strecke im non-stop-Flug zurücklegen, wenn die mittlere Reisegeschwindigkeit 800 km/h beträgt?
(3) Am Ende des Bordbuchs findet Herr Schmidt eine »Weltzeitkarte«. In Deinem Atlas oder in einem Notizbuch findest Du auch eine Weltzeitkarte. Auf der Karte erkennt man z. B.: wenn es bei uns Mittag ist, ist es in Australien schon Abend. Woran liegt das?
Wenn die Sonne im Laufe des Tages ihren höchsten Punkt erreicht hat, ist es 12 Uhr mittags. Da dies am gleichen Tage z. B. in Los Angeles später eintritt als in Frankfurt, werden die Ortszeiten in den beiden Städten verschieden sein.
Um sich z. B. im Flugverkehr leichter über Uhrzeiten verständigen zu können, hat man sich darauf geeinigt, die Ortszeit von Greenwich (Vorort von London), durch den gerade der »Nullmeridian« (Meridian: Längenkreis durch den Nord- und Südpol) festgelegt ist, international zu benutzen: Greenwich Mean Time (GMT).

Überprüfe anhand der »Weltzeitkarte« folgende Berechnung (Frankfurt-Rio de Janeiro)

Flugreisezeit Frankfurt-Rio

	ab Ortszeit	ab GMT
Frankfurt-1	Mi 21^{00} h	Mi 20^{00} h
	an	an
Rio + 3	Do 06^{45}	Do 09^{45} h

GMT-Differenz-Flugreisezeit: 13 h 45'

Eine B 747 fliegt von Frankfurt nach Los Angeles 12 h 45'. Das Flugzeug startet am Mo 22^{00} Uhr Ortszeit. Wie ist die Ortszeit in Los Angeles bei der Landung. Gib auch die GMT-Zeiten für den Start in Frankfurt und für die Landung in Los Angeles an.

Unterrichtseinheit »Kalender«

Inhaltsübersicht

Sonne, der Zonenzeiten (25), wird durch die Betrachtung der mittelalterlichen Tageseinteilung mit veränderlicher »Stunden«-länge (22) und der mit der geographischen Länge veränderlichen Ortszeit (23) vorbereitet.

Mit unserem Kalender auf der Grundlage des tropischen Jahres kontrastieren Kalender anderer Kulturkreise, denen der synodische Monat (26) und das Mondjahr (27) zugrundeliegen.

Durch die Bewegung der Erde um die Sonne im Verlauf eines Jahres (28) sind die Jahreszeiten, damit die Daten von Frühlings- und Herbstanfang (30, 31), bestimmt. Auf die genaue Festlegung von Frühlings- und Herbstanfang als Zeitpunkte wird eingegangen (29), weil mehrfach an früheren Stellen der Unterrichtseinheit die grobe Festlegung als Frühlings- bzw. Herbsttagundnachtgleiche angesprochen ist.

Hinweise für den Lehrer

Aufbau der Unterrichtseinheit

Der Aufbau dieser Unterrichtseinheit entspricht dem alten didaktischen Prinzip »Vom (räumlich oder zeitlich) Nahen zum Fernen«. Die Unterrichtseinheit beginnt mit der Auswertung von Informationen, die vom Alltagsleben her zur Verfügung stehen (Taschenkalender). Das gesamte Kapitel setzt lediglich die Kenntnis der Schaltjahrregelung (innerhalb des Jahrhunderts, also nicht die vergleichsweise ausgefallene Regelung für die Jahrhundertzahlen) als bekannt voraus. Insofern gilt die in Abschnitt 7 und 8 angesprochene Periodizität nur dann, wenn volle Jahrhunderte nicht überschritten werden.
Eine erste Ausweitung wird in Kapitel II vorgenommen, das sich zusätzlich auf die in Abschnitt 14 mitgeteilte allgemeine Schaltjahrregelung stützt. Der hier entwickelte Dauerkalender gilt rückwärts nur bis zur Gregorianischen Kalenderreform 1582. Für den bis dahin geltenden Julianischen Kalender ließe sich ein Dauerkalender sogar mit geringerem Aufwand als für die Zeit nach 1582 entwickeln (für den die Verwendungsmöglichkeiten jedoch gering sind). Mit dem Kapitel III läßt sich die Unterrichtseinheit beschließen, insofern stellen die beiden ersten Kapitel den Kern dieser Einheit dar. Das Kapitel III geht auf die Gregorianische Kalenderreform im einzelnen ein, hebt die Unterschiede zum Julianischen Kalender hervor und konzentriert sich um historische Lösungen des Problems, zu der vorgegebenenen Länge des tropischen Jahres eine »passende« Kalenderregelung zu finden. Im Unterschied zu den ersten drei um wenige zentrale Gedanken gruppierten Kapiteln enthält Kapitel IV eine Vielzahl von ergänzenden Detailinformationen, die mehr oder weniger weitgehend zu neuen eigenständigen Themen ausgebaut werden können. In der vorliegenden Fassung ist das IV. Kapitel (noch stärker als das III.) den vorangehenden Teilen untergeordnet; das bedeutet u. a., daß einzelne Abschnitte relativ leicht weggelassen werden können, ohne daß der Zusammenhang insgesamt verlorengeht.

Mögliche Abänderungen

Es ist ohne weiteres möglich, mit der Thematik des Kapitels IV zu beginnen, die dann aber zu einer geschlosseneren Darstellung des Bewegungsablaufs der Erde um die Sonne und des Mondes um die Erde ausgebaut werden sollte. Daraus ergibt sich die das Kapitel III bestimmende Frage nach passenden Kalenderregelungen, die dann wie in den Kapiteln I und II in ihren Konsequenzen erarbeitet werden können. Auch auf den UNO-Vorschlag für eine Kalenderreform könnte eingegangen werden.
Neben dieser die ganze Unterrichtseinheit betreffenden Umstellung lassen sich an einigen Stellen deutlichere Abänderungen vornehmen. Zunächst sei festgestellt, daß

abgesehen von der Bequemlichkeit, die sich aus der Benutzung eines Dauerkalenders ergibt, kaum Situationen vorkommen, in denen ein dringendes Interesse an der Bestimmung des Wochentages aus dem Datum besteht. Man könnte, ähnlich der in Abschnitt I erwähnten fingierten Begebenheit an ein zusammenbrechendes Alibi denken, bei dem der Täter angeblich einen Friseursalon an einem Montag oder ein Speiselokal an dessen Ruhetag aufgesucht haben will, oder an eine langfristig zu planende Geburtstagsfeier oder einen Urlaubstermin, wobei das arbeitsfreie Wochenende eine Rolle spielt. Es soll sogar Geizhälse geben, die ihre Taschenkalender mehrfach benutzen, wenn sie auf spätere Jahre wieder passen. Das »Passen« des Kalenders aus einem früheren Jahr kann man, über Abschnitt 4 hinaus, auch auf die beweglichen Feiertage ausdehnen.
Steht das Rechnen mit Resten modulo einer natürlichen Zahl zur Verfügung, so kann der Abschnitt 7 gekürzt werden. In der vorliegenden Fassung wird nicht systematisch auf das Erarbeiten von Restklassenringen hin gearbeitet, (nur) das additive Rechnen mit Resten (lediglich) nach 7 wird nur so weit entwickelt, wie es im vorliegenden Zusammenhang erforderlich ist. Wird die Behandlung von Restklassenringen angestrebt, so eignet sich das Kapitel I als Einstieg.

Inhaltliche Voraussetzungen

Die Unterrichtseinheit ist etwa für 7. Klassen gedacht. Die Umrechnung z. B. der Jahreslänge in dezimaler Schreibweise in Tage, Stunden, Minuten und Sekunden, das Rechnen mit Bruchteilen von Jahren, Tagen usw. setzen Sicherheit im Umgang mit Dezimalzahlen voraus. Außerdem erfordern die historischen Bemerkungen zumindest einen groben historischen Überblick. Beschränkt man sich auf die ersten beiden Kapitel, so kommt man mit natürlichen Zahlen sogar aus.

Methodische Bemerkungen

Die Einteilung in Abschnitte stellt keine Stundeneinteilung dar, zum großen Teil füllen die Abschnitte nicht einmal eine ganze Unterrichtsstunde aus. Vielmehr ist die Einteilung so zu verstehen, daß die Abschnitte inhaltliche Zielpunkte markieren, die im Unterricht angestrebt werden sollten.
Die Tabellen, die schrittweise zu einem Dauerkalender ausgebaut werden sollen, sind hier nur zum Teil ausgefüllt. Insbesondere enthalten sie mehrere einzeln stehende ausgefüllte Zeilen, die als Kontrolle dienen können.
Zum Verständnis der z. T. komplizierten in Kapitel IV dargestellten Sachverhalte reichen die Skizzen kaum aus. Es empfiehlt sich die Verwendung räumlicher Modelle, die zudem in den Abmessungen der Realität näher kommen als die auf engen Platz begrenzten Skizzen. Notfalls verwende man Stecknadelköpfe, Äpfel und ähnliche

Hilfsmittel zur Verdeutlichung der Größenverhältnisse neben den Abbildungen. Eine Weltkarte mit den Zeitzonen enthalten vielfach die Bordbücher von Fluggesellschaften.

Literatur

Da es nicht ganz leicht ist, auch über die Details informierende Literatur zu finden, folgt hier eine Auswahl von Titeln mit kurzen Hinweisen, die unter dem Gesichtspunkt der Brauchbarkeit im Zusammenhang mit dieser Unterrichtseinheit zu verstehen sind.

Gene Liberty, Die Zeit. Reihe: Was ist was, Bd. 22. Neuer Tesloff-Verlag, Hamburg. Deutsche Ausgabe von Otto Ehlert.

(Für Kinder und Jugendliche geschrieben, sehr lebendig, stellenweise auf Kosten der sachlichen Korrektheit).

Joachim W. Eckrutt, Der Kalender im Wandel der Zeiten. Kosmos Bibliothek Bd. 274. Franckh'sche Verlagshandlung Stuttgart, 1972.

(Sehr informativ, gut lesbar).

Hans Kaletsch, Tag und Jahr. Die Geschichte unseres Kalenders. Artemis, Zürich, Stuttgart, 1970.

A. W. Butkewitsch, M. S. Selikson, Ewige Kalender. BSB B. G. Teubner Verlagsgesellschaft Leipzig, 1974.

W. Ahrens, Mathematische Unterhaltungen und Spiele, Bd. 2, B. G. Teubner, Leipzig, 1918.

(Darin Kapitel XXI. Zeit und Kalender, mit Osterdatumsberechnung).

Karl Menninger, Zahlwort und Ziffer. Vandenhoeck u. Ruprecht, Göttingen, 1958.

(Einige interessante kulturgeschichtliche Details und ethymologische Hinweise, die man durch Nachschlagen an den zum Stichwort Kalender gehörenden Textstellen findet).

Hermann Grotefend, Bearb., Taschenbuch der Zeitrechnung des deutschen Mittelalters und der Neuzeit. Hahnsche Buchhandlung, Hannover, 1960.

A. V. Flotow, Einleitung in die Astronomie. G. J. Göschensche Verlagshandlung, 1911.

(3. Abschnitt, Das Zeitmaß).

Fischer Lexikon Astronomie, Hrsg. von Karl Stumpff, Frankfurt, 1957.

(U. a. die Stichwörter Chronologie; Zeit und Zeitmessung).

Friedrich Gondolatsch, Gottfried Groschopf, Otto Zimmermann, Astronomie Bd. 1, Klett Studienbücher, 1978.

Heinz Haber, 1982 das Jahr einer neuen Kalenderreform.

In: Bild der Wissenschaft 1978, Heft 11, Seite 100–113.

Unterrichtsvorschlag

I. Der Aufbau des Kalenders

1. Datum und Wochentag

Unter den Unterlagen, die kürzlich ein Bewerber einer Firma einreichte, fehlte ein Diplom, das er in seinem Lebenslauf erwähnt hatte. Es sei während der Kriegswirren verloren gegangen, gab der Bewerber als Erklärung an; aber an das Datum der Prüfung könne er sich noch genau erinnern, es sei der 15. Juni 1941 gewesen.
Prüfe, ob die Angaben des Bewerbers zutreffen können.

Aufgaben:
1) Auf welchen Wochentag fällt/fiel in diesem Jahr dein Geburtstag?
2) Auf welchen Wochentag fällt er im nächsten Jahr?
3) Vor wieviel Jahren fiel der Geburtstag auf den gleichen Wochentag wie in diesem Jahr? Benutze Übersichtskalender der abgelaufenen Jahre.
4) In wieviel Jahren fällt er wieder auf den gleichen Wochentag wie in diesem Jahr? Benutze, falls zur Verfügung, Übersichtskalender für die nächsten Jahre.
5) Verfolge mehrere Daten, etwa deinen Geburtstag, den 1. Januar, den 1. April usw., über mehrere Jahre hinweg. Was kannst du über die Wochentage, auf die ein solches Datum in zwei aufeinanderfolgenden Jahren fällt, sagen?

2. Daten im selben Jahr

1) In einem bestimmten Jahr fällt der 1. Januar auf einen Samstag, der 1. April auf einen Freitag. Welches Jahr könnte es sein? Kann es ein Schaltjahr sein?
2) In welchen Jahren fallen der 1. Januar und der 1. April auf einen Mittwoch? Sind es Schaltjahre?
3) In einem bestimmten Jahr fiel der 18. Januar auf einen Samstag, kann dann der 15. März auf einen Dienstag fallen? Ist es ein Schaltjahr?
4) Auf welche Wochentage kann der 1. April fallen, wenn am 1. Januar Dienstag ist?
5) Auf welche Wochentage kann der 5. Mai fallen, wenn der 1. Januar ein Sonntag ist?
6) Auf welche Wochentage kann der 15. Mai fallen, wenn der 20. Februar ein Freitag ist? Auf welche Wochentage kann der 20. Februar fallen, wenn der 15. Mai ein Sonntag ist?

3. *Wochentage für zwei ausgewählte Daten (1950 bis 2010)*

Die folgende Tabelle gibt für den 1. Januar und den 1. April in den Jahren 1950 bis 2010 die Wochentage (abgekürzt) wieder.
Bestimme daraus für diese Jahre die Wochentage für den 21. März, 22. Juni, 23. September und 22. Dezember (im allgemeinen Frühlingsanfang, Sommeranfang, Herbstanfang bzw. Winteranfang; zum genauen Datum vgl. Abschnitte 29 bis 31).

Jahr	1. Januar	1. April	Jahr	1. Januar	1. April
1950	So	Sa	1980	Di	Di
1951	Mo	So	1981	Do	Mi
1952	Di	Di	1982	Fr	Do
1953	Do	Mi	1983	Sa	Fr
1954	Fr	Do	1984	So	So
1955	Sa	Fr	1985	Di	Mo
1956	So	So	1986	Mi	Di
1957	Di	Mo	1987	Do	Mi
1958	Mi	Di	1988	Fr	Fr
1959	Do	Mi	1989	So	Sa
1960	Fr	Fr	1990	Mo	So
1961	So	Sa	1991	Di	Mo
1962	Mo	So	1992	Mi	Mi
1963	Di	Mo	1993	Fr	Do
1964	Mi	Mi	1994	Sa	Fr
1965	Fr	Do	1995	So	Sa
1966	Sa	Fr	1996	Mo	Mo
1967	So	Sa	1997	Mi	Di
1968	Mo	Mo	1998	Do	Mi
1969	Mi	Di	1999	Fr	Do
1970	Do	Mi	2000	Sa	Sa
1971	Fr	Do	2001	Mo	So
1972	Sa	Sa	2002	Di	Mo
1973	Mo	So	2003	Mi	Di
1974	Di	Mo	2004	Do	Do
1975	Mi	Di	2005	Sa	Fr
1976	Do	Do	2006	So	Sa
1977	Sa	Fr	2007	Mo	So
1978	So	Sa	2008	Di	Di
1979	Mo	So	2009	Do	Mi
			2010	Fr	Do

4. *Wiederholung von Jahreskalendern*

Nach einigen Jahren können sich Kalender wiederholen, d. h. zu gleichen Daten gehören gleiche Wochentage. Von den Feiertagen sehen wir ab.
Das Wort »Datum« kommt übrigens aus dem Lateinischen; unter Dokumenten aus früheren Jahrhunderten findet man häufig einen Zusatz wie: Datum est 19. Januarii 1625, d. h. (dieses Dokument) ist ausgegeben worden am 19. Januar 1625.

Aufgaben:
1) In welchem Jahr nach 1950 wiederholt sich der Kalender von 1950?
2) Wann zum zweiten Mal?
3) Wann wiederholt sich zum ersten Mal nach 1951 der Kalender für 1951?
4) Welche Jahre zwischen 1950 und 2010 haben den gleichen Kalender wie 1951?
5) Wann nach 1952 wiederholt sich zum ersten Mal der Kalender von 1952?
6) Suche nach einer Gesetzmäßigkeit für das Wiederholen von Kalendern.

5. *Jahresvergleiche auf Grund der Wochentage für den 1. Januar und den 1. April*

Um für jeden Tag eines Kalenderjahres den Wochentag bestimmen zu können, genügt es, für nur zwei Daten zu wissen, auf welchen Wochentag sie fallen, und zwar für ein Datum *vor* dem 28. Februar (oder für den 28. Februar selbst) und für ein Datum *nach* dem 28. Februar, z. B. für den 1. Januar und den 1. April.
Vervollständige die folgende Tabelle bis 2010. Sie gibt an, in welchen Jahren der 1. Januar und der 1. April auf die in den ersten beiden Spalten notierten Wochentage fallen.

Wochentag des 1. Januar	So	So	Mo	Mo	Di	Di	Mi	Mi	Do	Do	Fr	Fr	Sa	Sa
1. April	Sa	So	So	Mo	Mo	Di	Di	Mi	Mi	Do	Do	Fr	Fr	Sa
					1901		1902		1903			1904		
	1905													
	1950		1951			1952			1953		1954		1955	
		1956			1957									
											1999			

Aus der Tabelle kannst du zugleich entnehmen, für welche Jahre die Kalender übereinstimmen (bis auf die beweglichen Festtage).

Aufgaben:
1) Nach wie vielen Jahren kann sich ein Kalender wiederholen?
2) Nach wie vielen Jahren kann sich frühestens ein Kalender wiederholen? Gib dafür Beispiele (Paare von Jahren mit gleichem Kalender) an.
3) Wie lange muß man höchstens warten, bis sich ein Kalender wiederholt? Gib dafür ebenfalls Beispiele an. Vergleiche die Jahreszahlen.
4) Gibt es eine (für alle Kalender gleiche) Zeitspanne, nach der sich jeder Kalender wiederholt (nicht unbedingt zum ersten Mal). Welche?

6. 28-Jahre-Periodizität

Zusammenfassung von Abschnitt 5:
Nach zwei (beliebig herausgegriffenen) Daten, von denen eins vor dem 28. Februar (einschließlich dem 28. 02.), eins nach dem 28. Februar liegt, kann man 14 verschiedene Typen von Jahren unterscheiden.
Wählt man z. B. den 1. Januar und den 1. April, so gibt es So-Sa-Jahre, So-So-Jahre, Mo-So-Jahre usw. So-So-Jahre, Mo-Mo-Jahre, Di-Di-Jahre usw. sind *Schaltjahre*. Alle anderen Jahre, z. B. das So-Sa-Jahr, das Mo-So-Jahr usw., sind keine Schaltjahre, sie heißen *Gemeinjahre*.
Die vollständige Tabelle von Abschnitt 5 zeigt, daß sich Schaltjahrkalender nach jeweils 28 Jahren wiederholen. Andere Kalender, z. B. für das Do-Mi-Jahr, wiederholen sich schon nach 6 Jahren, dann nach 11 Jahren und wieder nach 11 Jahren (z. B. 1953, 1959, 1970, 1981), oder nach 11, 6 und 11 Jahren, jedenfalls auch nach 28 Jahren. Alle Gemeinjahre haben innerhalb eines 28-jährigen Wiederholungszyklus eine Wiederholung nach 6 Jahren und zweimal nach je 11 Jahren.

7. Erklärung der 28-Jahre-Periodizität

Zur Erklärung der 28-jährigen Periodizität bei Schaltjahren und bei Gemeinjahren teilen wir die Zeit auf zwei verschiedene Weisen in Zeiträume, Abschnitte von jeweils gleich vielen Tagen ein.
Zum einen gibt es die Einteilung in Abschnitte von jeweils 7 Tagen (Wochen).
Zum anderen haben wir eine (weniger auffällige) Einteilung in Abschnitte, die 4 aufeinanderfolgenden Jahren entsprechen. Von ihnen ist jeweils eins ein Schaltjahr, ein Nachschaltjahr, ein Vorschaltjahr und ein Mitteljahr.
Diese Einteilung liefert Abschnitte mit 366 + 365 + 365 + 365 Tagen, also mit 1461 Tagen (vgl. Skizze).
Das Schaltjahr mit 366 Tagen enthält nicht eine ganze Anzahl von Wochen, es hat 2 »überzählige« Tage. Wie die Tabelle zeigt, hat der Vierjahresblock 5 »überzählige« Tage, enthält also wieder nicht eine ganze Anzahl von Wochen.

Abb. 1

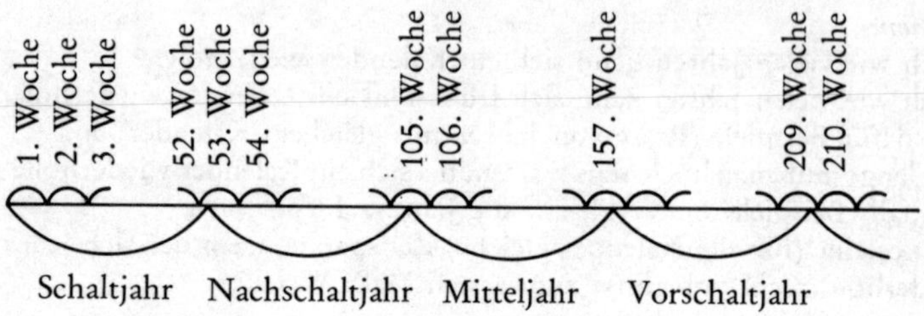

Jahrestyp	Länge
Schaltjahr	366 Tage = 52 Wochen + 2 Tage
Nachschaltjahr	365 Tage = 52 Wochen + 1 Tag
Mitteljahr	365 Tage = 52 Wochen + 1 Tag
Vorschaltjahr	365 Tage = 52 Wochen + 1 Tag
Vierjahresblock	1461 Tage = 208 Wochen + 5 Tage

Aufgaben:

1) Der 1. Januar 1976 ist ein Donnerstag, auf welchen Wochentag fällt der 31. Dezember 1979?
2) Wie viele »überzählige« Tage kommen durch 2 Vierjahresblöcke zusammen?
3) Nach welcher Zeit ist zum ersten Mal eine ganzzahlige Anzahl von Wochen und zugleich eine ganzzahlige Anzahl von Vierjahresblöcken vergangen?

8. *Erklärung der Periodizität bei Gemeinjahren*

Um die 6- 11- 11-jährige Periodizität der Gemeinjahre zu verstehen, muß man beachten, ob ein Jahr Nachschaltjahr, Mitteljahr oder Vorschaltjahr ist. Die vollständige Tabelle von Abschnitt 5 zeigt z. B. folgendes: Ist ein Jahr Nachschaltjahr, so wiederholt sich sein Kalender zum ersten Mal nach 6 Jahren (in einem Vorschaltjahr), dann nach 11 Jahren (in einem Mitteljahr), dann wieder nach 11 Jahren (in einem Nachschaltjahr), also nach dem Schema

$$N \xrightarrow{6\,J} V \xrightarrow{11\,J} M \xrightarrow{11\,J} N.$$

Nenne Beispiele.

Formuliere eine entsprechende Gesetzmäßigkeit für Mitteljahre und für Vorschaltjahre.

Zur Erklärung der für das Nachschaltjahr formulierten Gesetzmäßigkeit greifen wir als Beispiel das Jahr 1953 heraus, notieren die sich ergebenden Anzahlen der »überzähligen« Tage und ihre Summe.

Jahr	Anzahl der »überz.« T.	Summme
Nachschaltjahr 1953	1	1
Mitteljahr 1954	1	2
Vorschaltjahr 1955	1	3
Schaltjahr 1956	2	5
Nachschaltjahr 1957	1	6
Mitteljahr 1958	1	7

Das bedeutet: Ein Datum, das im Ausgangsjahr 1953 auf einen Mittwoch fällt, fällt 1954 auf einen Donnerstag; die Wochentage für alle Daten des Jahres 1954 liegen einen Tag später als 1953. Nach Ablauf des Jahres 1954 sind 2 »überzählige« Tage gegenüber 1953 vorhanden, die Daten von 1955 rücken daher gegenüber 1953 um 2 Wochentage weiter. Bis zum Ablauf von 1958 hat sich die Summe der Anzahlen »überzähliger« Tage auf 7 erhöht; daß die Daten von 1959 um 7 Tage gegenüber 1953 weiterrücken, bedeutet aber, daß sie 1953 und 1959 auf den gleichen Wochentag fallen.

Begründe entsprechend, daß sich der Kalender eines Vorschaltjahres nach 11 Jahren (in einem Mitteljahr), eines Mitteljahres nach 11 Jahren (in einem Nachschaltjahr) wiederholt.

II. Dauerkalender

9. Monatstabellen für Januar und Februar 1978

Unter einem Dauerkalender versteht man eine Tabelle, aus der man zu jedem Datum den zugehörigen Wochentag ermitteln kann, ohne den Kalender des betreffenden Jahres zur Hand zu haben.

Wir beginnen mit den Daten des Jahres 1978 und erweitern dann die für 1978 gültige Tabelle schrittweise.

Der 1. Januar 1978 fällt auf einen Sonntag, der 2. Januar 1978 auf einen Montag usw., der 8. Januar 1978 wieder auf einen Sonntag, der 15. Januar, der 22. Januar usw. ebenfalls.

Tabelle I gibt für die Tage im Januar 1978 den Wochentag an.

So	1	8	15	22	29
Mo	2	9	16	23	30
Di	3	10	17	24	31
Mi	4	11	18	25	
Do	5	12	19	26	
Fr	6	13	20	27	
Sa	7	14	21	28	

Tabelle 9.1

Man kann Tabelle 9.1 abkürzen, indem man nur den Wochentag für den 1. bis 7. Januar notiert. Den Wochentag für ein Januardatum 1978 (x. 1. 1978) erhält man dann wie folgt: Man bestimmt den Rest, der bei der Division von x durch 7 bleibt. In Tabelle 9.2 entspricht diesem Rest der gesuchte Wochentag.

So	1
Mo	2
Di	3
Mi	4
Do	5
Fr	6
Sa	7

Tabelle 9.2

Beispiel: 23. 1. 78
23 läßt bei Division durch 7 den Rest 2, der 2 entspricht in Tabelle 9.2 der Montag.

Weil der 1. Februar 1978 auf einen Mittwoch, der 2. Februar auf einen Donnerstag usw. fällt, ergibt sich für die Februartage eine entsprechende Tabelle:

So	5
Mo	6
Di	7
Mi	1
Do	2
Fr	3
Sa	4

Tabelle 9.3

Aufgabe:
Stelle eine entsprechende Tabelle für die Monate März und April 1978 auf.

10. *Kurzkalender für einen Monat (Februar 1978)*

Wir können die Tabelle 9.3 einsparen, wenn wir für den Februar 1978 nur folgende Ersatzregel verwenden: Man erhält den Wochentag für ein beliebiges Februardatum x. 2.1978, indem man die Summe x + 3 durch 7 teilt und für den Rest (bei der Division durch 7) aus Tabelle 9.2 den Wochentag bestimmt.
Beispiel: 26. 2. 1978
26 + 3, also 29, läßt bei Division durch 7 den Rest 1, der 1 entspricht in Tabelle 9.2 der Sonntag.
Die Anzahl 3, die zu dem Datum des Februartages addiert werden soll, entspricht den 3 »überzähligen« Tagen des Januar, die über 28 (als Vielfaches von 7) hinausgehen.

Aufgaben:
1) Bestimme nach der Ersatzregel für den Februar 1978 die Wochentage für einige Daten im Februar 1978, und vergleiche mit einem Taschenkalender.
2) Formuliere eine Ersatzregel für März 1978 und April 1978. Begründe sie.

11. *Kurzkalender für ein Jahr (1978)*

Nach der Ersatzregel für den Februar entspricht dem 28. Februar 1978 die Summe 28 + 3, also 31, somit der 7-er-Rest 3, der 28. 2. 1978 fällt auf einen Dienstag (Tabelle 9.2). Der 1. März ist also ein Mittwoch, der 2. März ein Donnerstag usw. Wir können wie für den Februar auch für den März 1978 eine Regel formulieren: Den Wochentag für einen beliebigen Märztag erhält man, indem man zu dem Tagesdatum 3 addiert und die Summe durch 7 teilt; für den Rest (bei der Division durch 7) kann man nach Tabelle 9.2 den Wochentag bestimmen. Bestätige diese Regel durch Vergleich mit den aus einem Taschenkalender abgelesenen Wochentagen für mehrere Märztage.
Für die weiteren Monate des Jahres 1978 lassen sich entsprechende Regeln finden. Weil der März 3 »überzählige« Tage (nach dem 28. 3.) hat, ist zu den Tagesdaten des April 6 zu addieren, zu den Tagesdaten des Mai 8 (2 »überzählige« Tage im April), oder bequemer 1 usw. Tabelle 11.1 gibt die Zahl an, die jeweils für die einzelnen Monate des Jahres 1978 zu den Tagesdaten zu addieren ist, um aus dem Rest bei der Division durch 7 den Wochentag nach Tabelle 9.2 zu ermitteln.

Jan.	Febr.	März	Apr.	Mai	Juni	Juli	Aug.	Sept.	Okt.	Nov.	Dez.
0	3	3	6	1	4	6					

Tabelle 11.1 (1978)

Aufgaben:

1) Ergänze die Tabelle 11.1.
2) Bestimme für einige Daten des Jahres 1978 den Wochentag mit Hilfe der angegebenen Regel und vergleiche mit der Angabe in einem Taschenkalender.

12. Kurzkalender für mehrere aufeinanderfolgende Jahre (1977–1979)

In einem nächsten Schritt stellen wir eine Tabelle wie 11.1 für das auf 1978 folgende und das ihm vorangehende Jahr auf.
Aus Tabelle 11.1 ermitteln wir als Wochentag für den 31. 12. 1978 einen Sonntag (31+5=36, 7-er-Rest 1, entspricht dem So.), der 1. 1. 1979 ist ein Montag, der 2. 1. 1979 ein Dienstag usw. Anstatt dem Januar den Rest 0 zuzuordnen (wie in Tabelle 11.1 für 1978), müssen wir für 1979 zu den Tagesdaten des Januar 1 addieren, im Februar 4 (anstatt 3), im März 3, im April 7 (bzw. 0) usw. und erhalten so für 1979 die folgende Tabelle

Jan.	Febr.	März	Apr.	Mai	Juni	Juli	Aug.	Sept.	Okt.	Nov.	Dez.
1	4	4	0	2	5	0	3	6	1	4	6

Tabelle 12.1 (1979)

Da der 1. Januar 1978 ein Sonntag ist, muß der 31. 12. 1977 ein Samstag sein, ihm entspricht der 7-er-Rest 0 bzw. 7 (vgl. Tabelle 9.2). Auf den 7-er-Rest 7 für den 31. 12. 1977 kommt man aber, indem man zu 31 die nächst größere durch 7 teilbare Zahl (35) bestimmt und so den »passenden« Rest 4 erhält. Zum Dezember 1977 gehört also der Rest 4.
Durch Zurückrechnen lassen sich die Zahlen ermitteln, die zu den Tagesdaten der einzelnen Monate von 1977 addiert werden müssen, wenn die 7-er-Reste für die Daten des Jahres 1977 berechnet werden sollen (vgl. Tabelle 12.2).

Jan.	Febr.	März	Apr.	Mai	Juni	Juli	Aug.	Sept.	Okt.	Nov.	Dez.
6	2	2	5	0	3	5	1	4	6	2	4

Tabelle 12.2 (1977)

Vergleiche die zu den einzelnen Monaten gehörenden Zahlen in den Tabellen 12.2 für 1977, 11.1 für 1978 und 12.1 für 1979. Was fällt auf?

13. Kurzkalender für ein Jahrhundert (1901–1999)

Als nächstes stellen wir Jahrestabellen für sämtliche Jahre dieses Jahrhunderts auf. Beginnen wir mit 1980. Wie mit Hilfe der Tabelle 11.1 (für 1978) die Tabelle 12.1 (für 1979) erstellt werden kann, ergibt sich aus 12.1 die Tabelle 13.1 für 1980. Zu beachten ist aber dabei, daß 1980 ein Schaltjahr ist. Das bedeutet, daß der Februar einen zusätzlichen (29.) Tag hat, der sich auch auf die Zahlen für die Monate März bis Dezember der Tabelle auswirkt.

Jan.	Febr.	März	Apr.	Mai	Juni	Juli	Aug.	Sept.	Okt.	Nov.	Dez.
2	5	6	2	4	0	2	5	1	3	6	1

Tabelle 13.1 (1980)

Für die drei auf das Schaltjahr folgenden Gemeinjahre gelten dann wieder Tabellen mit gleichen Zahlen für die Monate Februar und März, es folgt darauf das Schaltjahr 1984 mit 3 und 4 als Tabellenzahlen für Februar und März:

	Jan.	Feb.	März	Apr.	Mai	Juni	Juli	Aug.	Sept.	Okt.	Nov.	Dez.
1980	2	5	6	2	4	0	2	5	1	3	6	1
1981	4	0	0	3	5	1	3	6	2	4	0	2
1982	5	1	1	4	6	2	4	0	3	5	1	3
1983	6	2	2	5	0	3	5	1	4	6	2	4
1984	0	3	4	0	2	5	0	3	6	1	4	6

Nach jeweils 4 Jahren nehmen sämtliche Tabellenzahlen für die Monate eines Schaltjahres um 2 ab (vgl. Kasten für 1980 mit 1984); für Monate, denen 1980 die Tabellenzahlen 0 bzw. 1 entsprechen, hat man diese durch 7 bzw. 8 zu ersetzen und findet

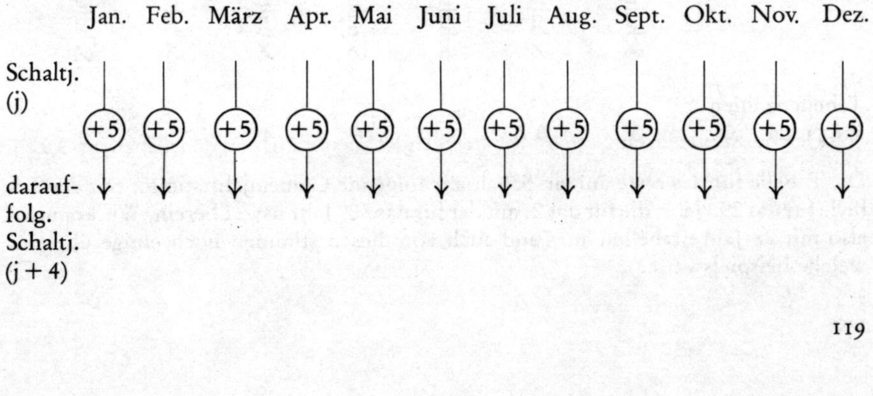

5 bzw. 6 als Tabellenzahlen für 1984. Man erhält folgende Regel, wie man aus den Tabellenzahlen für die Monate eines Schaltjahres die Tabellenzahlen für die Monate des nächsten (4 Jahre späteren) Schaltjahres berechnen kann.
Beachte: Zahlen größer als 6 werden reduziert auf Reste nach 7.
Für drei aufeinander folgende Schaltjahre ergibt sich entsprechend:

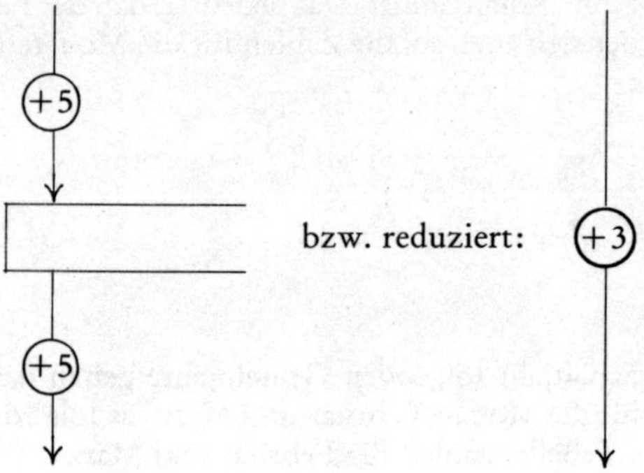

Erst nach 7 Schaltjahren, d. h. nach 28 Jahren, wiederholen sich somit die Tabellenzahlen für die Monate eines Schaltjahres zum ersten Mal (vgl. Skizze).

Abb. 2

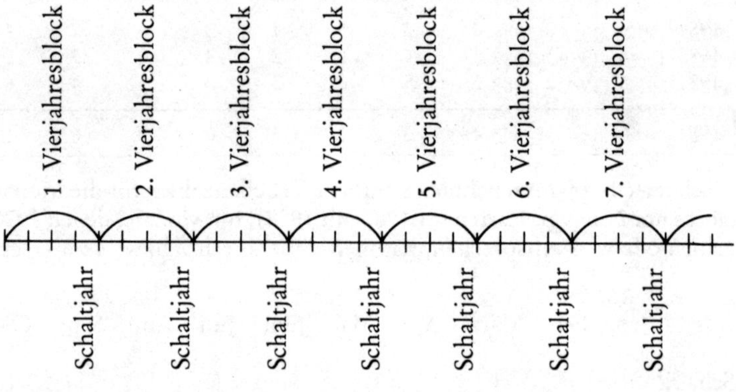

Tabellenzahlen
für Januar 0 5 3 1 6 4 2 0

Die Tabelle für das erste auf ein Schaltjahr folgende Gemeinjahr stimmt mit der Tabelle für das 29. Jahr, die für das 2. mit der für das 30. Jahr usw. überein. Wir kommen also mit 28 Jahrestabellen aus (und auch von diesen stimmen noch einige überein; welche beispielsweise?).

In Tabelle 13.2 sind für einige Jahre die zu den einzelnen Monaten gehörenden Tabellenzahlen ausgefüllt. Erkläre, weshalb die Zeilen beispielsweise für die Jahre 1922, 1950, 1978 übereinstimmen (und deshalb die entsprechenden Jahreszahlen in einer einzigen Zeile stehen können).
Ergänze die Tabelle 13.2 zu einem Dauerkalender durch Ausfüllen der fehlenden Zeilen.

Dauerkalender für die Zeit von 1901 bis 1999

				Monate											
Jahreszahlen				Jan.	Febr.	März	April	Mai	Juni	Juli	Aug.	Sept.	Okt.	Nov.	Dez.
	1922	1950	1978	0	3	3	6	1	4	6	2	5	0	3	5
	1923	1951	1979	1	4	4	0	2	5	0	3	6	1	4	6
	1924	1952	1980	2	5	6	2	4	0	2	5	1	3	6	1
	1925	1953	1981	4	0	0	3	5	1	3	6	2	4	0	2
	1926	1954	1982	5	1	1	4	6	2	4	0	3	5	1	3
	1927	1955	1983	6	2	2	5	0	3	5	1	4	6	2	4
	1928	1956	1984	0	3	4	0	2	5	0	3	6	1	4	6
1901	1929	1957	1985												
1902	1930	1958	1986												
1903	1931	1959	1987												
1904	1932	1960	1988												
1905	1933	1961	1989												
1906	1934	1962	1990												
1907	1935	1963	1991												
1908	1936	1964	1992												
1909	1937	1965	1993												
1910	1938	1966	1994												
1911	1939	1967	1995	0	3	3	6	1	4	6	2	5	0	3	5
1912	1940	1968	1996												
1913	1941	1969	1997												
1914	1942	1970	1998												
1915	1943	1971	1999												
1916	1944	1972		6	2	3	6	1	4	6	2	5	0	3	5
1917	1945	1973													
1918	1946	1974													
1919	1947	1975													
1920	1948	1976													
1921	1949	1977		6	2	2	5	0	3	5	1	4	6	2	4

Tabelle 13.2

Anleitung:
Gib eine Regel an, wie man aus den Tabellenzahlen für die Monate eines Schaltjahres die Tabellenzahlen für die Monate des darauffolgenden Nachschaltjahres berechnen kann, z. B. in der Form

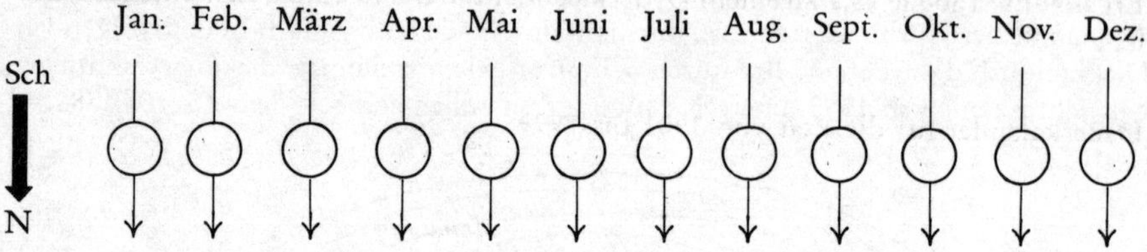

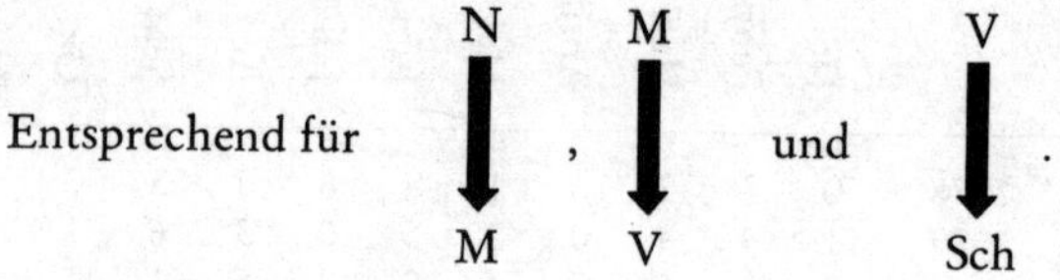

Regel:
Es soll bestimmt werden, zu welchem Wochentag ein gegebenes Datum x.y.z gehört. Man addiert das Tagesdatum x zu der für den Monat y in dem betreffenden Jahr z durch die Tabelle 13.2 gegebenen Zahl t und teilt die Summe durch 7. Der Rest bei der Division durch 7 entspricht dem Wochentag gemäß der folgenden Tabelle 13.3:

1	So
2	Mo
3	Di
4	Mi
5	Do
6	Fr
7	Sa

Tabelle 13.3

Kurz: Suche in Tabelle 13.2 die Tabellenzahl t, die zum Monat y des Jahres z gehört. Bilde die Summe x+t und bestimme ihren Rest bei der Division durch 7. Bestimme in Tabelle 13.3 den zu diesem Rest gehörenden Wochentag.
Beispiel: 17. 6. 1953
Im Juni 1953 gehört nach Tabelle 13.2 die Tabellenzahl 1. Die Summe 17+1, also 18, hat den 7-er-Rest 4; dem Rest 4 entspricht in Tabelle 13.3 der Mittwoch.
Beachte: Die Tabelle 13.2 gilt auch noch über das letzte aufgeführte Jahr 1999 hinaus; sie läßt sich entsprechend zum Jahre 2099 ausweiten.
Die Berechnungsregel für die Tabellenzahlen der Monate gilt aber nicht mehr für die Jahre vor 1901 und nach 2099. Woran liegt das?

14. Dauerkalender von 1801 bis 2099

Wir wollen schließlich den Dauerkalender noch auf die nachfolgenden und die zurückliegenden Jahrhunderte ausdehnen. Dazu müssen wir beachten, welche Jahre Schaltjahre sind. Das sind genau die Jahre mit einer durch 4 teilbaren Jahreszahl, mit Ausnahme der Jahrhundertzahlen, die nicht durch 400 teilbar sind. In dem folgenden Diagramm sind die Schaltjahre durch Schraffur gekennzeichnet; das Diagramm enthält Jahreszahlen ab 1583, unser Kalender gilt nämlich erst seit dem 15. 10. 1582.

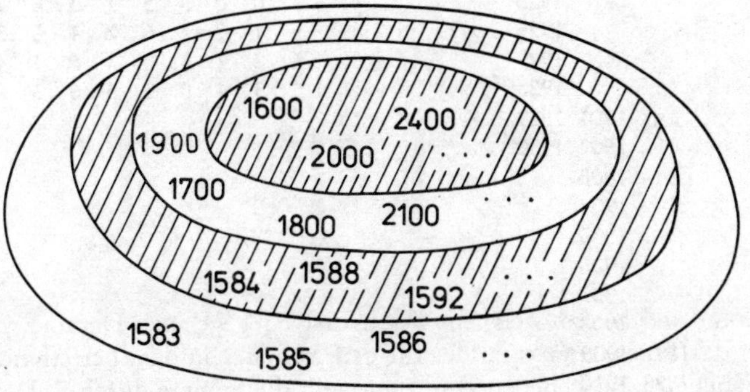

Abb. 3

Weil das Jahr 2000 ein Schaltjahr ist und deshalb die Abfolge der Viererblöcke N – M – V – Sch nicht unterbrochen wird, gilt die bisherige Berechnungsregel für die Tabellenzahlen der Monate bis 2099.
Anders beim Übergang über 1900: hier folgen 7 Gemeinjahre aufeinander, für die auch die Kennzeichnung N, M, V nicht mehr sinnvoll ist. Um für die einzelnen Monate des Gemeinjahres 1900 die Tabellenzahlen zu erhalten, brauchen wir nur von 1901 aus zurückzurechnen, so wie wir die Tabelle für 1977 aus derjenigen für 1978 errechnet haben (in Abschnitt 12). Da aber 1900 kein Schaltjahr ist, müssen die Monate März und Februar die gleiche Tabellenzahl haben.
Zum Januar 1901 gehört die Tabellenzahl 2 (vgl. Tabelle 13.2), daher muß der Dezember des Vorjahres (1900) die Tabellenzahl 6, der November 4 usw. haben. Für 1900 ergibt sich also die Zeile
1 4 4 0 2 5 0 3 6 1 4 6
(die gleiche wie z. B. für 1923).
Dem Gemeinjahr 1900 geht das Gemeinjahr 1899 vorauf, die Zeile für 1899 beginnt mit 0 (vgl. die Tabellen 12.1 und 11.1), stimmt also mit der für 1922 oder 1911 überein.
In der Tabelle 14.1 (Dauerkalender ab 1801) kommt die Sonderstellung des Gemeinjahres 1900 zum Ausdruck; vervollständige sie. Die Regel zur Bestimmung des Wochentages ist wieder die zu Tabelle 13.3 gehörende.

Tabelle 14.1: Dauerkalender für die Jahre 1801 bis 2099

Jahreszahlen									Jan.	Feb.	März	April	Mai	Juni	Juli	Aug.	Sept.	Okt.	Nov.	Dez.
									Monate											
	1826	1854	1882		1922	1950	1978	2006	0	3	3	6	1	4	6	2	5	0	3	5
	1827	1855	1883	1900	1923	1951	1979	2007	1	4	4	0	2	5	0	3	6	1	4	6
	1828		1844		1924				2	5	6	2	4	0	2	5	1	3	6	1
1801	1829				1925				4	0	0	3	5	1	3	6	2	4	0	2
	1830				1926				5	1	1	4	6	2	4	0	3	5	1	3
	1831				1927				6	2	2	5	0	3	5	1	4	6	2	4
	1832				1928				0	3	4	0	2	5	0	3	6	1	4	6
	1833			1901	1929															
	1834			1902	1930															
	1835			1903																
	1836			1904																
	1837			1905																
1810	1838			1906																
	1839			1907																
	1840			1908																
	1841		1897	1909																
	1842		1898	1910																
	1843		1899	1911					0	3	3	6	1	4	6	2	5	0	3	5
	1844			1912																
	1845			1913																
	1846			1914																
	1847			1915																
1820	1848								6	2	3	6	1	4	6	2	5	0	3	5
	1849																			
	1850																			
	1851																			
	1852																			
	1853							2033	6	2	2	5	0	3	5	1	4	6	2	4

Aufgaben:

1) Bestimme für die folgenden Ereignisse den Wochentag:

01. 09. 1939	Ausbruch des 2. Weltkrieges
24. 10. 1945	Inkrafttreten der UN-Charta
20. 09. 1814	Beginn
09. 06. 1815	Ende des Wiener Kongresses
18. 06. 1815	Schlacht bei Waterloo
07. 12. 1835	Erste Eisenbahnfahrt in Deutschland (Nürnberg–Fürth)
25. 08. 1839	Erscheinen der ersten Lieferung des Großen Meyerschen Conversations-Lexikons

2) Gilt die in Abschnitt 6 festgestellte 28-Jahre-Periodizität auch beim Übergang über die Jahrhundertgrenzen hinweg?

15. Dauerkalender ab 1582

Zur Bestimmung der Tabellenzahlen für die Monate des Jahres 1800 verfahren wir wie beim Übergang von 1901 nach 1900. Zu 1801 gehört die Zeile 4, 0, 0, . . . der Tabellenzahlen; da das vorangehende Jahr 1800 kein Schuljahr ist, hat es die Zeile 3, 6, 6, . . ., ferner das Jahr 1799 die Zeile 2, 5, 5, ... Durch Zurückrechnen finden wir weiter, daß die Zeilen für die Jahre 1799, 1771, 1743, 1715 übereinstimmen (28 Jahre!). In entsprechender Weise findet man über die Zeile für 1701 die Zeilen für 1700 und 1699, daraus für die Jahre 1601 bis 1698, weiter für 1600 und 1599, sowie schließlich für 1582 bis 1598.
An einem Beispiel führen wir die Wochentagsbestimmung ausführlich durch:
23. 05. 1618 (»Prager Fenstersturz«, Beginn des dreißigjährigen Krieges).
Nach der obigen Überlegung hat das Jahr 1715 die gleiche Zeile wie 1799, also 2, 5, 5, . . .; 1715 ist ein Vorschaltjahr, wir vergleichen es beispielsweise mit dem Vorschaltjahr 1935 in Tabelle 13.2 (ebenfalls mit der Zeile 2, 5, 5, . . .) und stellen durch Zurückrechnen um 14 Jahre fest, daß zu 1921 und zu 1701 die gleiche Zeile gehört, nämlich 6, 2, 2, ...
Weil 1700 Gemeinjahr ist, gehört hierzu die Zeile 5, 1, 1, ... und zu 1699 die Zeile 4, 0, 0, . . ., ebenso zu den Jahren 1671, 1643, 1615.
Von 1615 aus gehen wir zum Jahr 1618 weiter: auf das Vorschaltjahr 1615 mit der Zeile 4, 0, 0, . . . folgt das Schaltjahr 1616 mit der Zeile 5, 1, 2, ...; zu 1617 gehört demnach die Zeile 0, 3, 3, . . . und zu 1618 die Zeile

1, 4, 4, 0, 2, 5, 0, 3, 6, 1, 4, 6.

Zum Mai 1618 gehört die Tabellenzahl 2, zu dem Datum 23. Mai bilden wir die Summe $23+2$. Sie hat den 7-er-Rest 4, hierzu gehört nach Tabelle 13.3 der Mittwoch.

Aufgabe:
Bestimme für die folgenden Ereignisse den Wochentag:
Erste Hinrichtung mit der Guillotine (während der französischen Revolution eingeführte Hinrichtungsmaschine) 25. 04. 1792.
Geburtstag von J. W. v. Goethe 28. 08. 1749
Geburtstag von J. S. Bach 21. 03. 1685
Westfälischer Friede (Ende des 30-jährigen Krieges)
24. 10. 1648
Erster Tag nach der Gregorianischen Kalenderreform 15. 10. 1582.

III. Kalenderreformen

16. Gregorianische Kalenderreform und Julianische Kalenderreform

Unser Kalender gilt seit dem 15. 10. 1582. Er wurde durch Papst Gregor XIII. eingeführt (Gregorianische Kalenderreform), aber nicht sofort von allen Ländern übernommen. Hinsichtlich des Kalenders legte die Gregorianische Kalenderreform im einzelnen fest:

1. Auf den 4. 10. 1582 (der bisherigen Datenbezeichnung) sollte unmittelbar der 15. 10. 1582 folgen. Es fallen also 10 aufeinanderfolgende Daten aus, die Daten 5. 10. 1582, 6. 10. 1582 usw. bis zum 14. 10. 1582 hat es (in denjenigen Ländern, die sich der Kalenderreform sofort anschlossen) nicht gegeben.
2. Schaltjahre sollten nur diejenigen Jahre mit durch 4 teilbarer Jahreszahl sein, die keine vollen Jahrhundertzahlen sind, sowie die Jahre mit einer durch 400 teilbaren Jahreszahl. Während zuvor nämlich sämtliche Jahre mit durch 4 teilbarer Jahreszahl Schaltjahre waren, fallen durch die Gregorianische Kalenderreform die Jahre 1700, 1800, 1900, 2100, 2200 usw. als Schaltjahre aus.

Bis zur Gregorianischen Kalenderreform hatte der Julianische Kalender gegolten (den C. Julius Caesar im Jahr 45 v. Chr. eingeführt hatte). Nach dem Julianischen Kalender folgte auf je drei Gemeinjahre mit 365 Tagen immer ein Schaltjahr mit 366 Tagen (also auch bei allen Jahrhundertzahlen).

Daß ausgerechnet der 29. Februar der Schalttag ist, hängt mit mehreren historischen Tatsachen zusammen. Im Kalender der Römer war ursprünglich der Februar der letzte Monat des Jahres (vgl. die Bedeutung der Monatsnamen in Abschnitt 20). Die Julianische Kalenderreform behielt die Regelung bei, die Schalttage (bis dahin mehrere) im Februar unterzubringen, obgleich sie den Jahresanfang auf den 1. Januar legte. Genau genommen war der Schalttag im Julianischen Kalender – in unserer Bezeichnungsweise – der 24. Februar; das Durchnumerieren der Monatstage, um sie zu bezeichnen, setzte sich erst später durch.

Aufgaben

1) Welches Datum hätte der heutige Tag nach dem Julianischen Kalender, falls dieser noch üblich wäre?
2) In Rußland galt bis 1918, in Griechenland bis 1923 der Julianische Kalender. Wie unterscheiden sich die Daten von 1918 und von 1923 nach dem Julianischen Kalender von den Daten dieser Jahre nach dem Gregorianischen Kalender?
3) Wie viele Tage hat im Durchschnitt ein Julianisches Jahr (ein Jahr nach dem Julianischen Kalender)?
4) Wie viele Tage hat demgegenüber im Durchschnitt ein Gregorianisches Jahr (ein Jahr nach dem Gregorianischen Kalender)?
   Anleitung: Wie viele Tage haben beispielsweise 2000 Gregorianische Jahre?

5) Überlege: Weshalb ist es überhaupt zweckmäßig, Schaltjahre einzuführen? – Auf diese Frage wird in Abschnitt 18 genauer eingegangen.

17. Gründe für die Gregorianische und Julianische Kalenderreform

Beim Gregorianischen wie beim Julianischen Kalender gibt es Schaltjahre mit einem zusätzlichen eingeschalteten Tag (zu den 365 Tagen der Gemeinjahre), nicht alle Jahre sind also gleich lang. Weshalb legt man Schalttage ein?
Astronomische Ereignisse, die mit der Stellung der Erde zur Sonne zusammenhängen (wie etwa die Frühlingstagundnachtgleiche, die Herbsttagundnachtgleiche, der Tag mit dem höchsten Mittagsstand der Sonne, der Tag mit dem niedrigsten Mittagsstand der Sonne), wiederholen sich alle 365, 24219879 Tage. Diese Zeitspanne nennt man das tropische Jahr (grch. tropos = Wende, bezieht sich auf die Sonnenwende; das tropische Jahr hat also mit den Tropen, einer bestimmten Klima- und Landschaftszone, nicht unmittelbar zu tun).

Aufgaben

1) Rechne die Länge des tropischen Jahres in Tage, Stunden, Minuten und Sekunden (letztere gerundet) um.
2) Ein astronomisches Ereignis trete beispielsweise im Jahre 1976 am 21. 3. um 0.00 Uhr ein; wann findet das gleiche Ereignis 1977, 1978, 1979 wieder statt; wann findet es 1980 statt, und wann würde es 1980 eintreten, falls 1980 nicht ein Schaltjahr wäre?

18. Julianisches und Gregorianisches Jahr

In 16. hat sich ergeben:
Länge des Julianischen Jahres:
$l_j = 365 \text{ Tage} + \frac{1}{4} \text{ Tag} = 365{,}25 \text{ Tage}$
Länge des Gregorianischen Jahres:
$l_g = 365 \text{ Tage} + \frac{100}{400} \text{ Tag} - \frac{3}{400} \text{ Tag} = 365{,}2425 \text{ Tage}.$
Bezeichnen wir mit l_t die Länge des tropischen Jahres, so gilt: $l_t < l_g < l_j$.
Gäbe es keine Schaltjahre, sondern nur Jahre mit 365 Tagen, so würde das Datum von Ereignissen, die mit der Stellung der Erde zur Sonne zusammenhängen, in vier Jahren um etwa einen Tag weiterrücken. Der Frühlingsanfang beispielsweise würde dann im Lauf der Zeit im April, im Mai, schließlich im Dezember, Januar, Februar eintreten. Dies wird durch die zusätzlichen Schalttage vermieden (Skizze).

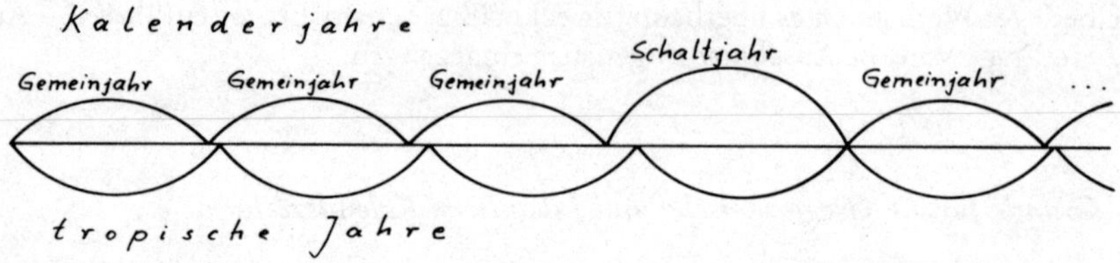

Abb. 4

Aufgaben:

1) In welchem Sinn ändert sich das Datum für ein Ereignis, das sich regelmäßig nach jeweils einem tropischen Jahr wiederholt, in einem Kalender, bei dem das Jahr immer
   a) weniger Tage als das tropische Jahr hat?
   b) mehr Tage als das tropische Jahr hat?
2) Nach welcher Zeitspanne macht sich der Unterschied zwischen dem tropischen Jahr und einem hypothetisch angenommenen 365-Tage-Jahr (ohne Schalttage) im Vorrücken des Datums für ein astronomisches Ereignis (das sich regelmäßig jeweils nach Ablauf eines tropischen Jahres wiederholt) um ein halbes Jahr bemerkbar?
3) Was ändert sich gegenüber der Aufgabe 1 in der Formulierung und im Ergebnis, wenn man ein 366-Tage-Jahr (ebenfalls ohne Schalttage) annimmt?
4) In welcher Zeit rückt das Datum eines sich regelmäßig nach Ablauf eines tropischen Jahres wiederholenden astronomischen Ereignisses
   a) im Julianischen Kalender um einen Tag weiter?
   b) im Gregorianischen Kalender um einen Tag weiter?

19. Die Überlegenheit des Gregorianischen Kalenders gegenüber dem Julianischen Kalender

Der eigentliche Grund für die Gregorianische Kalenderreform war die Unsicherheit bei der Berechnung des Osterdatums. Bekanntlich ist Ostern ein bewegliches Fest. Der Ostersonntag ist festgelegt als der erste Sonntag nach dem ersten Frühlingsvollmond. Schon das Konzil in Nicäa (in Kleinasien, der heutigen Türkei), das im Jahre 325 stattfand, hatte diese Regelung eingeführt. Zugleich war für die Berechnung des Osterfestes der Frühlingsanfang ein für allemal auf den 21. März festgesetzt worden, unabhängig davon, wann der astronomisch bestimmte Frühlingsanfang tatsächlich stattfand. Demnach kann Ostern also frühestens auf den 22. März fallen (wenn nämlich der 21. März ein Sonntag ist).

Tatsächlich fiel der astronomische Frühlingsanfang im 3. Jahrhundert auf den 21. März. Infolge des zu der Zeit noch gültigen Julianischen Kalenders rückte das Datum des astronomischen Frühlingsanfangs allmählich immer weiter nach vorn (also

in Richtung Märzanfang), was sich aber erst nach einigen Jahrhunderten dadurch bemerkbar machte, daß zwar der erste Frühlingsvollmond zu beobachten war, aber trotzdem Ostern noch nicht am darauffolgenden Sonntag gefeiert wurde.
Die Gregorianische Kalenderreform erreichte eine Angleichung des zur Berechnung von Ostern festgesetzten Datums für den Frühlingsanfang an das astronomisch bestimmte Datum des Frühlingsanfangs, indem sie im Oktober 1582 einige Daten ausfallen ließ, und machte zugleich durch die geänderte Schaltjahrsregelung eine spätere erneute Angleichung überflüssig (vgl. Abschnitt 16).
Um wie viele Tage war der Frühlingsanfang vom 3. Jahrhundert bis zum 16. Jahrhundert vorgerückt?
Anleitung: In welcher Zeit rückt das Datum für ein astronomisches Ereignis (mit der Periode eines tropischen Jahres) um einen Tag vor?
Wie viele Daten ließ man 1582 ausfallen?
Übrigens unterscheidet sich auch das Gregorianische Jahr noch geringfügig vom tropischen Jahr, der Unterschied wächst jedoch erst in etwa 3300 Jahren auf einen Tag an (vgl. Abschnitt 18).

Aufgabe:
Wie viele Daten mußten in den Ländern ausfallen, die erst im 18. Jahrhundert den Gregorianischen Kalender übernahmen (z. B. einige Schweizer Kantone, Großbritannien, Schweden), wie viele Daten in solchen Ländern, die ihn im 20. Jahrhundert einführten (Rußland, Griechenland)?

IV. Astronomische Grundlagen des Kalenders

20. Die Zeiteinheiten Tag, Monat, Jahr

Sämtliche bekannten Kalender beruhen auf einer Einteilung der Zeit in Abschnitte, die von zwei aufeinanderfolgenden gleichen astronomischen Ereignissen begrenzt sind, welche sich in regelmäßiger Folge wiederholen. Solche Zeiteinheiten sind: der Tag (die Zeitspanne für eine Drehung der Erde um ihre eigene Achse), der Monat (die Zeitspanne für einen Umlauf des Mondes um die Erde; genauer: der synodische Monat), das Jahr (die Zeitspanne für einen Umlauf der Erde um die Sonne; genauer: das tropische Jahr).
Weil sich die Zeitspannen 1 Tag, 1 Monat, 1 Jahr auf verschiedenartige regelmäßig wiederkehrende astronomische Erscheinungen beziehen, »passen« sie nicht genau zueinander: die Zeitspanne, in der beispielsweise ein Umlauf der Erde um die Sonne stattfindet (1 Jahr), enthält nicht genau eine ganze Anzahl derjenigen Zeitspannen, in denen sich die Erde um ihre eigene Achse dreht (Tage).

Man hat gefunden:
Länge eines Jahres = 365,242199 Tage
Länge eines Monats = 29,530589 Tage

Die Woche entspricht keinem regelmäßig sich wiederholenden astronomischen Ereignis wie die Zeiteinheiten Tag, Monat, Jahr, sie ist insofern eine »künstliche« Zeiteinheit.

Jedoch gehört die Einteilung der Zeit in 7-Tage-Abschnitte zu den ältesten bekannten Kalendereinrichtungen. Auch die Gregorianische Kalenderreform änderte nicht die Abfolge der Wochentage; auf Donnerstag, den 4. 10. 1582 folgte Freitag, der 15. 10. 1582.

Die Anzahl 7 rührt von der im Altertum bekannten Zahl der beweglichen Himmelskörper (die als Gottheiten angesehen wurden) her, und nach ihnen sind im allgemeinen die Wochentage benannt:

Sonntag	nach der Sonne
Montag	nach dem Mond
Dienstag	nach einem dem Planeten Mars zugeordneten germanischen Gott Tyr oder Ziu (vgl. das französische Wort mardi für Dienstag)
Mittwoch	zwar nicht im Deutschen, im französischen Wort mercredi nach Merkur und im englischen Wort Wednesday nach dem ihm zugeordneten Gott Wotan
Donnerstag	nach einem dem Jupiter zugeordneten germanischen Gott Thor (vgl. im Französischen jeudi)
Freitag	nach einer der Venus zugeordneten germanischen Göttin Frija oder Frigga (vgl. im Französischen vendredi)
Samstag	nach dem Saturn (vgl. im englischen Saturday).

Die Monatsnamen gehen auf die Monatsnamen im römischen Kalender zurück:

Januar	ist nach dem römischen Gott Janus benannt; er wird als doppelgesichtig vorgestellt, das eine Gesicht sieht in die Zukunft, das andere in die Vergangenheit
Februar	nach einem römischen Reinigungsfest, das in diesem Monat begangen wurde
März	nach dem römischen Kriegsgott Mars
April	ist von dem lateinischen Zeitwort aperire abgeleitet, es bedeutet eröffnen; zeitweise begann (»wurde eröffnet«) das römische Jahr im April
Mai	ist nach der römischen Wachstumsgöttin Maia benannt
Juni	nach der römischen Göttin Juno
Juli	nach Gaius Julius Caesar, der in diesem Monat geboren wurde
August	nach dem römischen Kaiser Octavianus Augustus
September	bedeutet der siebte (nämlich der 7. Monat im römischen Kalender),
Oktober	
November	
Dezember	bedeuten entsprechend der achte, neunte, der zehnte.

Das Wort Kalender ist abgeleitet von dem lateinischen Wort Calendae; damit wurde der erste Tag eines jeden Monats im römischen Kalender bezeichnet (die durchlaufende Numerierung der Tage in den einzelnen Monaten kam erst im 6. Jahrhundert auf). Das Wort Calendae geht auf das lateinische Verb calare (= ausrufen) zurück: der Monatsanfang wurde ursprünglich in Rom öffentlich ausgerufen.

21. Veränderliche Tageslänge im Verlauf eines Jahres; mittlerer Sonnentag

Ursprünglich war der Tag festgelegt als die Zeitspanne zwischen je zwei Aufgängen der Sonne am gleichen Ort der Erde. Warum ist diese Zeitspanne im Laufe eines Jahres verschieden lang?
Wegen dieser Unregelmäßigkeit zieht man die Zeitspanne zwischen zwei aufeinanderfolgenden Höchststellungen der Sonne (Mittagszeit) am gleichen Ort der Erde vor. Man nennt diese Zeitspanne den wahren Sonnentag (für den betreffenden Ort und das betreffende Datum). Wie stellt man mit Hilfe eines vertikal gestellten Stabes die Höchststellung der Sonne an einem bestimmten Ort der Erde fest?
Heute verwendet man anstatt des wahren Sonnentages als genaueres Maß (vgl. dazu 24) den »mittleren Sonnentag«, die durchschnittliche Länge des wahren Sonnentages im Verlauf eines Jahres.

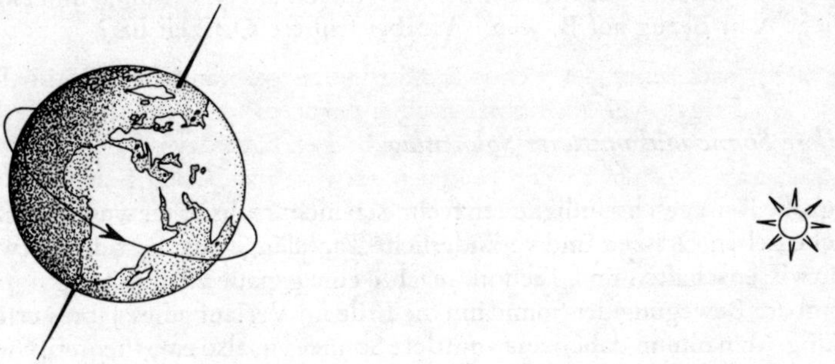

Abb. 5
Die Rotation der Erde um ihre Achse; die Dauer einer Umdrehung beträgt 1 Tag. (Zeichnung nicht maßstäblich genau)

22. Veränderliche Länge der »Stunden« im Verlauf eines Jahres

Noch im Mittelalter war die Einteilung des Tages (von Sonnenaufgang bis Sonnenuntergang) und der Nacht (von Sonnenuntergang bis Sonnenaufgang) in je 12 gleichlange Abschnitte üblich.

Aufgaben

1) An welchen Tagen im Jahr waren bei dieser Zeiteinteilung
a) die Tagstunden von der gleichen Länge wie die Nachtstunden,
b) die Tagstunden am längsten,
c) die Tagstunden am kürzesten?
2) Vergleiche die Länge der kürzesten und längsten Tagstunden bzw. Nachtstunden im Verlauf eines Jahres miteinander.
Anleitung: In vielen Taschenkalendern sind die Auf- und Untergangszeiten der Sonne für jeden Tag angegeben. Verwende der Einfachheit wegen die Zeitangaben für dieses Jahr. Runde auf ganze Stunden.

23. Ortszeit

1) Beschreibe eine Sonnenuhr, und wie man mit ihr die Uhrzeit feststellt. Weshalb heißt die mit Hilfe einer Sonnenuhr bestimmte Zeit Ortszeit?
2) Wo liegen die Orte der Erde, die die gleiche mit Hilfe der Sonnenuhr bestimmte Ortszeit haben?
3) Beschreibe die Lage zweiter Orte A und B zueinander, wenn die mit Hilfe der Sonnenuhr bestimmten Ortszeiten für beide Orte sich um eine Stunde unterscheiden? Wie liegt A in Bezug auf B, wenn A dabei frühere Ortszeit hat?

24. Mittlere Sonne und mittlerer Sonnentag

Solange große Reisegeschwindigkeiten technisch nicht realisierbar waren, reichten für das tägliche Leben Ortszeit und veränderliche Tageslänge aus. Erst die Entwicklung der Naturwissenschaften und Technik machte eine genaue Zeitmessung notwendig. Die scheinbare Bewegung der Sonne um die Erde im Verlauf eines Jahres erfolgt ungleichmäßig. Man nimmt daher eine »mittlere Sonne« an, also eine theoretische Sonne, die sich mit gleichbleibender Geschwindigkeit um die Erde dreht. Die mittlere Sonne hat an jedem Tag mittags um 12 Uhr ihren Höchststand, während die wirkliche Sonne ihren Höchststand einige Minuten vorher oder später erreicht; nur an vier Tagen im Jahr, (im allgemeinen) am 16. April, am 14. Juni, am 1. September und am 25. Dezember, hat auch die wirkliche Sonne mittags um 12 Uhr gerade ihren Höchststand. In der Zeit zwischen dem 16. 4 und dem 14. 6. geht die Sonnenuhr gegenüber der mittleren Sonne vor, zwischen dem 14. 6 und dem 1. 9. geht die Sonnenuhr nach usw.
Der mittlere Sonnentag, also die Zeitspanne zwischen zwei aufeinanderfolgenden Höchstständen der mittleren Sonne, ist daher die für ein Jahr berechnete durchschnittliche Länge des wahren Sonnentages.

Die Ursachen für die unregelmäßige Bewegung der Sonne im Verlauf eines Jahres sind zwar bekannt, aber recht kompliziert zu beschreiben.
Heute stellt man in Naturwissenschaft und Technik noch höhere Anforderungen an die Genauigkeit der Zeitmessung, so daß auch die Festlegung des mittleren Sonnentages hierfür nicht mehr ausreicht. Man hat nämlich festgestellt, daß selbst der mittlere Sonnentag, jeweils für ein Jahr bestimmt, nicht immer die gleiche Länge hat. In jeweils 100 Jahren nimmt der mittlere Sonnentag um 0,0016 Sekunden zu. Um welche Zeitspanne nimmt danach der mittlere Sonnentag pro Jahr zu? In welcher Zeit beträgt die Zunahme des mittleren Sonnentages 1 Minute (gleichbleibende Zunahme des mittleren Sonnentages um 0,0016 Sekunden in 100 Jahren vorausgesetzt)?
Bedeutet die Zunahme des mittleren Sonnentages eine Zunahme oder eine Abnahme der Geschwindigkeit der Erddrehung?
Seit einigen Jahrzehnten verwendet man zur Zeitmessung Quarzuhren, deren Gang so gleichförmig ist, daß man mit ihnen sogar Unregelmäßigkeiten der Erddrehung nachweisen kann.
Im Jahre 1967 wurde die Dauer einer Sekunde neu festgelegt. Weil man sich dabei auf Kristallschwingungen bezieht, spricht man von der Atomsekunde. Diese entspricht genau dem Mittelwert der astronomisch (aus der Dauer des tropischen Jahres) ermittelten Sekunde während der letzten 200 Jahre.
Um zu verhindern, daß die geringfügigen Differenzen zwischen Atomzeit und astronomisch bestimmter Zeit sich zu Minuten oder Stunden aufsummieren, schaltet man von Zeit zu Zeit zusätzliche Sekunden (Schaltsekunden) ein. So hatte beispielsweise die Minute, die am 1. Januar 1979 um 0.59 Uhr begann, 61 anstatt 60 Sekunden. Es war die achte Schaltsekunde seit 1972.
Die Physikalisch-Technische Bundesanstalt in Braunschweig ist durch ein Gesetz von 1978 mit der Feststellung und der Verbreitung der gesetzlichen Zeit beauftragt. Die gesetzliche Zeit ist so festgelegt, daß sie niemals mehr als 0,9 Sekunden von der mittleren Sonnenzeit abweicht, die für Orte auf dem 15. Längengrad östlich von Greenwich gilt.

25. Normalzeit und Zonenzeiten

Der Ausbau des Verkehrsnetzes auf der ganzen Erde hat es notwendig gemacht, die Uhrzeiten an verschiedenen Orten der Erde aufeinander abzustimmen. Die Festlegung des mittleren Sonnentages als Zeitspanne allein reicht dazu nicht aus. Weil die Erde sich um ihre eigene Achse von West nach Ost dreht, steht die Sonne, wenn sie in einem Ort A ihren Höchststand gerade erreicht, für einen weiter östlich gelegenen Ort bereits niedriger, während sie für einen westlich von A gelegenen Ort noch nicht ihren Höchststand hat. Während einer 1884 in Washington tagenden Konferenz einigte man sich darauf, daß wenigstens die Minuten- und Sekundenangaben der Uhren an allen Orten der Erde übereinstimmen sollten. Hinsichtlich der Stunden legte man

24 Zeitzonen fest. Orte innerhalb gleicher Zeitzonen haben die gleiche Normalzeit. Diese Vereinbarung ist zwar überwiegend verwirklicht, gilt aber nicht für alle Staaten der Welt (z. B. in Indien 1/2 Stunde Abweichung).
Beispielsweise gilt in Mitteleuropa die mitteleuropäische Zeit (in Deutschland seit dem 1. 4. 1893), sie ist gleich der mittleren Ortzeit für Orte auf dem 15. Längengrad östlich von Greenwich. Die mitteleuropäische Zeit (MEZ) geht gegenüber der westeuropäischen Zeit (WEZ) um eine Stunde vor, gegenüber der in Osteuropa gültigen osteuropäischen Zeit (OEZ) um eine Stunde nach. Länder mit einer großen Ost-West-Ausdehnung wie die USA und die Sowjetunion haben mehrere Zeitzonen.

26. Synodischer Monat

Wie ändert sich im Verlauf eines Monats die Stellung des Mondes am Fixsternhimmel, seine sichtbare Gestalt (Phase) und die Zeitspanne, während der er sicht sichtbar ist?
Erkläre mit Hilfe der Abb. 6 die Entstehung der Mondphasen (Neumond, erstes Viertel, Vollmond, letztes Viertel), und ordne sie den Mondstellungen 1, 2, 3, 4 zu.
Erkläre das Zustandekommen des Eindrucks einer Sichel von der Form im ersten, von der Form im letzten Viertel.
Beachte: Die Skizze ist nicht maßstabsgetreu. Daraus könnte eine Verwechslung von Mondfinsternis und Neumond entstehen. Erläutere den Unterschied. Zur Information: Die Ebene, in der die Mondbahn liegt, ist um etwa 5° gegen die Ebene geneigt, in der die Bewegung der Erde und die Sonne (oder auch die scheinbare Bewegung der Sonne um die Erde) erfolgt.
Erkläre mit Hilfe der Skizze, zu welcher Tageszeit die Sichel des zunehmenden Mondes, der Vollmond, die Sichel des abnehmenden Mondes sichtbar ist, und zu welcher Tageszeit Neumond eintreten kann. Vergleiche mit den Angaben über Mondphasen und über Auf- und Untergangszeiten in einem Kalender.
Was ist eine Mondfinsternis, und zu welcher Mondphase kann sie eintreten? Was ist eine Sonnenfinsternis, und zu welcher Mondphase kann sie eintreten?
Der Monat (genauer: synodischer Monat) ist die Zeitspanne zwischen zwei aufeinanderfolgenden Neumonden. Auch hier muß wegen zahlreicher Unregelmäßigkeiten des Mondumlaufs ein langfristiger Mittelwert genommen werden. Er beträgt gegenwärtig 29,53059 Tage.
In den Abschnitten 1 bis 8 wurde deutlich, welche Schwierigkeiten sich daraus ergeben, daß man versucht, die »natürliche« Zeitspanne 1 Jahr in Abschnitte mit 7 Tagen aufzuteilen. Ähnliche Schwierigkeiten ergeben sich, wenn man versucht, den Monat zur Aufteilung des Jahres in kürzere Zeitspannen heranzuziehen. Welche ganze Anzahl von Monaten ergibt gerade eine ganze Anzahl von tropischen Jahren? Rechne dabei mit 29 1/2 Tagen bzw. mit 365 1/4 Tagen.

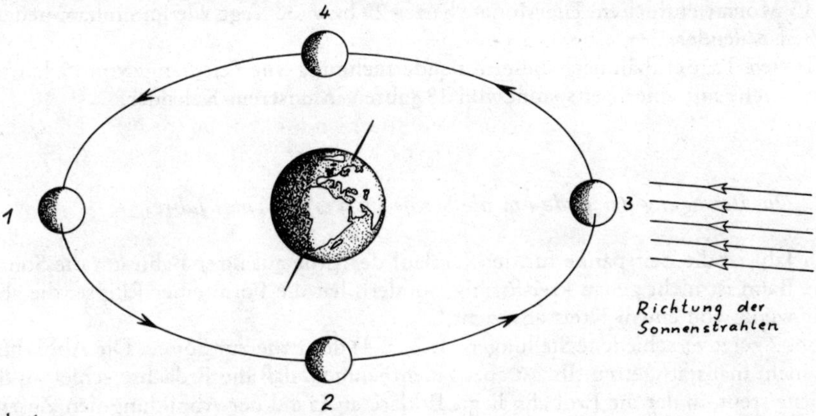

Abb. 6
Die Drehung des Mondes um die Erde; die Dauer eines Umlaufs beträgt einen Monat. (Zeichnung nicht maßstäblich genau)

27. *Mondjahr*

Versuche eine Erklärung dafür, daß für die nomadisch lebenden Völker des Vorderen Orient (Hirtenvölker) der Monat die grundlegende Zeitspanne für die Einteilung des Jahres (eines Mondjahres mit 12 Monaten, d. h. 354 oder 355 Tagen), für die Ackerbau treibenden Ägypter das Jahr mit 365 bzw. 366 Tagen (Sonnenjahr) üblich war; sogar die Einschaltung eines Tages in den Schaltjahren stammt aus dem ägyptischen Kalender.
Dem mohammedanischen Kalender liegt bis heute das Mondjahr mit 12 Monaten zugrunde, die abwechselnd 30 bzw. 29 Tage haben. Wieviele Tage, Stunden, Minuten, Sekunden ergeben 12 synodische Monate? Um wieviel weicht diese Zeitspanne von dem Gemeinjahr des mohammedanischen Kalenders mit 6 Monaten zu 30 und 6 Monaten zu 29 Tagen (die abwechselnd aufeinander folgen) ab? Diese Differenz wird durch Schaltjahre ausgeglichen, von denen es im Verlauf einer 30-Jahres-Periode 11 gibt; in diesen Schaltjahren hat der letzte Monat anstatt 29 Tagen 30 Tage.
Um wie viele Tage etwa rückt der Anfang des mohammedanischen Jahres in unserem Kalender in einem Jahr vor (gelegentlich zwei mohammedanische Jahresanfänge innerhalb eines einzigen Jahres nach unserem Kalender!)?
Neben dem Mondjahr kannte man im Altertum ein Lunisolarjahr (lat.: luna = Mond, sol = Sonne), das ist ein Jahr, das dem Jahreszeitenwechsel angeglichen war und zugleich eine ganze Anzahl von Monaten zu $29^1/_2$ Tagen enthielt. Dabei wiederholte sich jeweils eine Zeitspanne von 19 Jahren, von denen 12 Jahre je 12 Monate, 7 Jahre

je 13 Monate enthielten. Die Monate hatten 29 bzw. 30 Tage wie im mohammedanischen Kalender.
Wie viele Tage enthält nach dieser Kalenderrechnung eine Zeitspanne von 19 Jahren? Vergleiche mit einer Zeitspanne von 19 Jahren in unserem Kalender.

28. Die Bewegung der Erde um die Sonne im Verlauf eines Jahres

Ein Jahr ist die Zeitspanne für den Umlauf der Erde auf ihrer Bahn um die Sonne. Die Bahn ist nicht genau kreisförmig, sondern hat die Form einer Ellipse, die aber nur wenig von einem Kreis abweicht.
Abb. 7 zeigt verschiedene Stellungen (1, 2, 3, 4) der Erde zur Sonne. Die Abbildung ist nicht maßstabsgetreu. Ihr ist aber zu entnehmen, daß die Erdachse schief zu der Ebene steht, in der die Erdbahn liegt. Erkläre an Hand der Abbildung den Zusammenhang zwischen Jahreszeiten und der Stellung der Erde zur Sonne.
Beachte: Für die Sonneneinstrahlung ist von entscheidender Bedeutung, unter welchem Winkel die Sonnenstrahlen eintreffen. Je flacher sie auftreffen, desto weniger Wärme nimmt die bestrahlte Fläche auf.
Was wäre, wenn die Erdachse senkrecht zur Ebene stünde, in der die Erdbahn liegt?

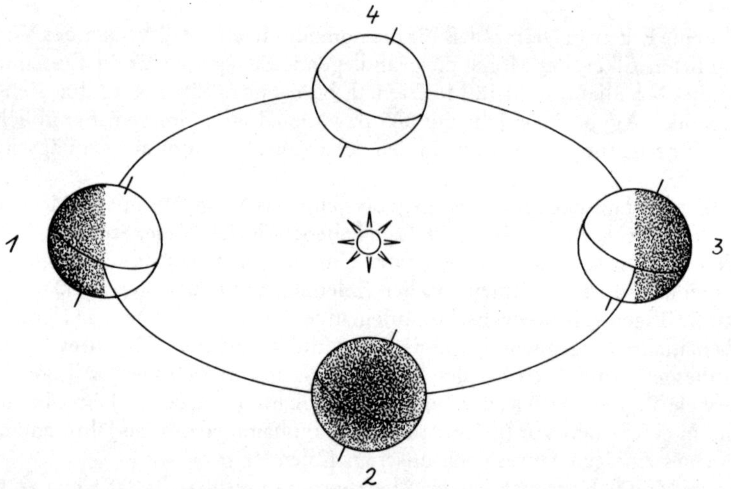

Abb. 7
Die Drehung der Erde um die Sonne; die Dauer eines Umlaufs beträgt ein Jahr. (Zeichnung nicht maßstäblich genau)

29. *Genaue Festlegung des tropischen Jahres*

Man bestimmt die Länge eines tropischen Jahres als die Zeitspanne zwischen zwei aufeinanderfolgenden Durchgängen der Erde durch denselben Ort auf der Erdbahn (vgl. Abschnitt 20). Früher wählte man dazu die Stelle aus, an der die Sommersonnenwende oder die Wintersonnenwende stattfindet (griech. tropos = Wende, daher tropisches Jahr).
Für exakte Messungen der Jahreslänge benötigt man die Festlegung auf ein astronomisches Ereignis, dessen Eintreten sich auf die Sekunde genau feststellen läßt. Man hat deshalb den Frühlingsanfang und den Herbstanfang wie folgt festgelegt. Weil die Erdachse bei dem Umlauf der Erde um die Sonne ihre Richtung im Raum (nahezu) beibehält, kann man sich eine Ebene durch den Erdäquator gelegt denken, die also zur Erdachse senkrecht ist und immer die gleiche Neigung zur Erdbahn hat (Abb. 8).
An zwei Punkten der Erdbahn liegt der Mittelpunkt der Sonne gerade in der Äquatorebene der Erde. Diese bestimmen Frühlings- bzw. Herbstanfang.

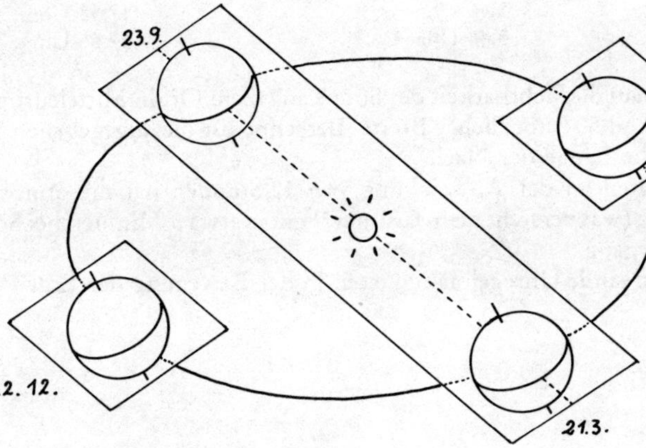

Abb. 8
Zur Festlegung des Frühlings- und Herbstbeginns
(Zeichnung nicht maßstäblich genau)

30. *Mögliche Daten von Frühlings- und Herbstanfang*

In 3 wurde als Datum des Frühlingsanfangs bzw. Herbstanfangs der 21. März bzw. der 23. September genannt. Abweichungen von diesem Datum ergeben sich auf Grund der Schaltjahresregelung.

Der spätest mögliche Beginn der Jahreszeiten trat beispielsweise im Jahre 1903 ein:

	Frühlingsbeginn	Sommerbeginn
1903	21. 3., 19 Uhr	22. 6., 15 Uhr
	Herbstbeginn	Winterbeginn
1903	24. 9., 6 Uhr	23. 12., 0 Uhr

Berechne hieraus den Beginn der Jahreszeiten im Jahre 2096 mit dem frühest möglichen Beginn.

31. Theoretische und tatsächliche Tageslänge bei Frühlings- und Herbstanfang

Obwohl theoretisch Frühlingsanfang und Herbstanfang auf die Tage mit gleich langen Tag- und Nachtlängen fallen, kann man z. B. für 1976 folgende Angaben über Sonnenauf- und -untergang finden:

Datum	Sonnenaufgang	Sonnenuntergang
22. 9. 76	5.46 Uhr	17.58 Uhr
23. 9. 76	5.48 Uhr	17.56 Uhr

Sie beziehen sich auf die Sichtbarkeit der Sonne an einem Ort in Mitteleuropa mit 15° östlicher Länge und 50° nördlicher Breite. Berechne für die angegebenen Daten die Taglängen und die Länge der Nacht.
Den größten Anteil an der Abweichung von 12 Stunden hat die atmosphärische Strahlenbrechung (was versteht man darunter?) mit je etwa 3 Minuten bei Sonnenauf- und Sonnenuntergang.
Andere Ursachen sind: Unregelmäßigkeiten in der Bewegung der Erde.

Unterrichtseinheit »Wahlen«

Inhaltsübersicht

Hinweise für den Lehrer

Vom fachlichen Anspruchsniveau ist die Unterrichtseinheit – unabhängig vom Schultyp – etwa ab der 8. Klasse sowohl im laufenden Unterricht als auch in einer Arbeitsgemeinschaft – möglicherweise mit Schülern verschiedener Klassenstufen durchführbar. Außerdem besteht die Möglichkeit einer fächerübergreifenden Kooperation mit dem Fach Gemeinschaftskunde.
In den meisten Unterrichtswerken nicht behandelt sind das Haresche Rundungsverfahren und das d'Hondtsche Abzählverfahren bei ganzzahligen Verteilungen. Beim d'Hondtschen Verfahren kann in der Sekundarstufe I nur die Einsicht gewonnen werden, daß es der im allg. als »gerecht« empfundenen Proportionalverteilung sehr nahe kommt. Daß dieses Verfahren bei einer Mandatsverteilung die kleinen Parteien gegenüber den großen benachteiligen kann, und daß z. B. der Zusammenschluß zweier Parteien ihre Mandatszahl um eins erhöhen kann, wird aus Schwierigkeitsgründen mathematisch nicht vertieft (s. Abschnitt 6. Aufgabe 1).
Da das angegebene Zahlenmaterial verhältnismäßig schnell veraltet, sollte es durch aktuelle Daten ergänzt werden. Die folgende Übersicht gibt dafür eine Auswahl von Informationsquellen an. Die Literaturhinweise sowie die Zusammenstellung von Unterrichtsmaterialien dienen der Vertiefung der Thematik.

Aktuelles Zahlenmaterial

Zahlen, Daten, Fakten, Der Fischer Weltalmanach, Frankfurt
infas-Report »Wahlen«, Bonn/Bad Godesberg
Statistische Berichte (Veröffentlichungen der statistischen Landesämter)
Zeitschrift für Parlamentsfragen, Westdeutscher Verlag, Opladen

Vertiefende Literatur

Kaack, Heino, Geschichte und Struktur des deutschen Parteiensystems, Westdeutscher Verlag, Opladen 1971
Kaack, Heino, Wer kommt in den Bundestag?, Leske Verlag, Opladen
Verdenhalven, Otto, Die Bundestagswahl, Formen und Probleme des Wahlkampfes, Leske Verlag, Opladen
Winkler, Hans-Joachim, Sicherung der Parteiendemokratie, Parteiverbote und 5%-Klausel, Leske Verlag, Opladen

Unterrichtsmaterialien

Arbeitshefte
Boldt, Werner, Die Anfänge des Deutschen Parteiwesens, Schöningh, Paderborn
Fruhmann, Theo / Stein, Gottfried (Hrsg.), Parteien und Parlament, Hirschgraben Verlag, Frankfurt, (Arbeitshefte für den politischen Unterricht, Heft 3)

Gabel/ Grosser / Maier / Schörken (Hrsg.), Die politischen Parteien, Klett, Stuttgart, (Reihe Politische Bildung 67/1)
Gagel / Grosser / Maier / Schörken (Hrsg.), Politische Wahlen, Klett, Stuttgart, (Reihe Politische Bildung 72/4)

Filme
(aus dem Katalog des Instituts für Bild und Film)
»Wähler und Parteien«,
»Bürger und Parteien«,
»Der junge Wähler«,
»Die Nichtwähler«,

Unterrichtsvorschlag

1. Wahl eines Klassensprechers

(a) Diskutiert folgende Fragen:
Wozu brauchen wir einen Klassensprecher?
Zur Wahl:
Dürfen alle Schüler der Klasse wählen?
Müssen alle Schüler der Klasse Wählen?
Soll die Wahl geheim sein?
Soll jeder jeden wählen dürfen oder sollen einige Schüler vor der Wahl für das Klassensprecheramt vorgeschlagen werden?
(b) In der Klasse 8b sind 32 Schüler. Silvia, Martin und Sven sind für das Klassensprecheramt vorgeschlagen. Es wird geheim gewählt. Alle wählen, jeder hat eine Stimme. Hier ist das Ergebnis:

	Anzahl der Stimmen
Silvia	13
Martin	14
Sven	5

Carlos sagt: »Martin ist unser Klassensprecher!«
Michael protestiert: »Wir können doch nicht jemanden zum Klassensprecher machen, der nicht einmal von der Hälfte der Schüler unserer Klasse gewählt worden ist!« Was meint Ihr dazu? Was könnte man in Zukunft machen, damit auch Michael die Wahl nicht anzweifelt?

Die Klasse 8b hat nach dem *»Mehrheitswahlsystem«* (auch Persönlichkeitswahlsystem) gewählt. Carlos ist für die »relative« Mehrheitswahl: Wer die meisten Stimmen bekommen hat, der hat gewonnen.
Michael ist für die »absolute« Mehrheitswahl: Gewählt ist, wer mehr als die Hälfte aller Stimmen bekommt.

Aufgaben

1. In einer Klasse wird eine »relative« Mehrheitswahl für das Klassensprecheramt durchgeführt. Drei Kandidaten sind aufgestellt. Alle Schüler wählen. Wieviel Prozent der abgegebenen Stimmen braucht ein Kandidat mindestens, um die Wahl zu gewinnen?
2. In einer Klasse von 25 Schülern wurde nach der »absoluten« Mehrheitswahl gewählt. Auf Peter entfielen 64% aller Stimmen. Wieviel Schüler haben Peter gewählt?
3. Nach welchem Wahlverfahren wählen Journalisten den »Sportler des Jahres«?

2. Abstimmung über ein schulorganisatorisches Problem

Die Klasse 7a der Pestalozzi-Schule in Neustadt beschäftigte sich mit einem Rundschreiben des Schulleiters:

Liebe Schüler!
Es geht um die Frage, ob an unserer Schule die am Samstag stattfindenden Unterrichtsstunden auf einen der Nachmittage der übrigen Wochentage verlegt werden sollen. Bedenkt, daß ein freier Samstag von Euch größere Leistungen an den Tagen von Mo. bis Fr. verlangt. Über die Frage soll in der Versammlung der Elternsprecher beraten werden. Auch Ihr als die direkt Betroffenen sollt mitbestimmen.
Ich glaube, daß die Arbeitsgewohnheiten und die Freizeitwünsche der Schüler sehr von ihrem Alter abhängen, deshalb möchte ich über die Frage, ob der Sa. unterrichtsfrei sein soll, nach Klassenstufen getrennt abstimmen lassen. Der Versammlung der Elternsprecher werde ich dann eine Liste der folgenden Art vorlegen:

Klassenstufe	Soll der Sa. unterrichtsfrei sein? (ja, nein,)
5	....
6	....
7	....
8	....
9	....
10	....
11	....
12	....
13	....

Ich habe die Klassenlehrer gebeten, mir das Abstimmungsergebnis ihrer Klasse bis Mittwoch mitzuteilen.

gez. H. Gaudig

In der Klasse 7a wurde eine Abstimmung durchgeführt:
18 Schüler stimmten mit *ja*, 13 stimmten mit *nein*. Die Klassenlehrerin gab daraufhin einen Zettel an den Schulleiter:

Klasse 7a
mehrheitlich *ja*
M. Müller

Der Schulleiter sammelte von allen Klassenlehrern solche Zettel mit dem Abstimmungsergebnis ein, ordnete die Zettel und begann, seine Liste auszufüllen. Bei Klassenstufe 7 schrieb er z. B. *ja*, denn er hatte drei Zettel

Klasse 7a: ja
Klasse 7b: nein
Klasse 7c: ja

erhalten und sagte sich: wenn 2 der 3 Klassen mit *ja* gestimmt haben, dann ist das eine Mehrheit für ja. Um so größer war seine Überraschung, als ihm abends auf der Versammlung der Elternsprecher vorgeworfen wurde, er habe in seiner Liste bei Klassenstufe 7 etwas Falsches notiert: in Wahrheit hätten die Schüler der 7. Klassen mehrheitlich für *nein* gestimmt. Der Elternsprecher der Klasse 7b war es, der dem überraschten Schulleiter eine Aufstellung der genauen Abstimmungsergebnisse der Klassen 7a, 7b, 7c vorlegte:

Klasse	Soll der Samstag frei sein?	
	ja	nein
7a	18	13
7b	10	20
7c	14	11
	42	44

Aufgaben

1. Beschreibe, wie der Schulleiter zu dem Abstimmungsergebnis für die einzelnen Klassenstufen und zum Gesamtergebnis gelangt ist.
2. Erkläre, wie der Elternsprecher der Klasse 7b zu dem Abstimmungsergebnis »nein« für die 7. Klassen gelangt ist.
3. Hätte es auch sein können, daß bei der beschriebenen Abstimmung in den Klassen 7a, b, c der Schulleiter nach seinem Abstimmungsverfahren zum Ergebnis »nein« und der Elternsprecher der Klasse 7b nach seinem Zählverfahren ein »ja« erhält?

4. An einer anderen Schule stimmten die Kl. 5, 6 mit *nein*, die Kl. 7, 8, mit *ja* und die Kl. 9, 10 ebenfalls mit *Ja*. Du sollst das Gesamtergebnis feststellen. Brauchst du noch weitere Informationen?

3. Wahlrecht und Grundsätze einer demokratischen Wahl in der Bundesrepublik Deutschland

In der Bundesrepublik Deutschland gibt es verschiedene politische Parteien. Jede Partei hat ein Parteiprogramm, welches auf den Bundesparteitagen bestätigt oder verändert wird. In einem Parteiprogramm wird gesagt, wie man sich die politische Grundordnung und daraus folgend z. B. die Wirtschaft, das Bildungswesen und die Einkommensverteilung vorstellt. Bei Wahlen kann ein wahlberechtigter Bürger seine Stimme der Partei geben, deren Programm ihm am besten gefällt. Lest und diskutiert die beiden folgenden Abschnitte A und B!

A Wahlrecht in der Bundesrepublik
Man unterscheidet zwischen aktivem und passivem Wahlrecht.
Aktives Wahlrecht oder das Recht zu wählen besitzt, wer das 18. Lebensjahr vollendet hat, die deutsche Staatsangehörigkeit besitzt, die bürgerlichen Ehrenrechte genießt und nicht entmündigt ist oder in Pflegschaft steht.
Passives Wahlrecht oder das Recht, gewählt zu werden, besitzt, wer das 23. Lebensjahr vollendet hat und im übrigen die gleichen Voraussetzungen wie für das aktive Wahlrecht erfüllt.

B Grundsätze einer demokratischen Wahl
Allgemein: Jeder Bürger kann wählen, sofern er die Bedingungen des aktiven Wahlrechts erfüllt und seit mindestens 3 Monaten vor dem Wahltag Wohnsitz im Bundesgebiet hat. Unmittelbar: Jeder Wähler gibt seine Stimme unmittelbar oder direkt einem Kandidaten oder einer Partei.
Frei: Niemand darf auf die Wähler einen Zwang ausüben, einem bestimmten Kandidaten oder einer Partei die Stimme zu geben. Um eine mögliche Beeinflussung auszuschalten, ist im Wahllokal jede Art von Wahlpropaganda verboten.
Gleich: Jede Stimme hat den gleichen Wert.
Geheim: Jeder Wähler muß in einer Wahlkabine seine Stimme unbeobachtet abgeben können. Ein Kontrollieren des ausgefüllten Stimmzettels durch Wahlhelfer ist verboten.

4. Wahlkreise bei der Bundestagswahl

Die wichtigste Wahl in der Bundesrepublik Deutschland ist die »Bundestagswahl«. Die erste Bundestagswahl war 1949, die letzte 1976. Sie findet im allgemeinen alle 4 Jahre statt, wenn nicht der Verlust der Regierungsmehrheit vorzeitige Neuwahlen notwendig werden läßt, wie das 1972 der Fall war. Die mehrheitlich gewählte Partei oder eine Koalition von Parteien, die zusammen von der Mehrheit des Volkes gewählt sind, stellt den Bundeskanzler. Er wird vom Bundestag gewählt. Der Bundeskanzler bestimmt die Minister, die mit ihm zusammen die Regierung bilden.
Die Bundesrepublik (ohne West-Berlin) ist für die Bundestagswahl in 248 Wahlkreise eingeteilt.
Die Einteilung wird durch eine Wahlkreiskommission vorgenommen. Seit 1965 hat sich die Anzahl der Wahlkreise in den einzelnen Bundesländern nicht geändert, es gibt aber neue Vorschläge der Kommission.
Jeder Wahlkreis darf nur zu einem Bundesland gehören. Wahlkreise dürfen sich nicht beliebig in der Bevölkerungszahl unterscheiden (s. Aufgabe 3).
Bremen besitzt 3 Wahlkreise:

050 Bremen-Ost
051 Bremen-West,
052 Bremerhaven/Bremen-Nord

Der »kleinste« Wahlkreis war 1976 der Wahlkreis 097 Gelsenkirchen I (113039 Wahlberechtigte)
Der »größte« Wahlkreis war 1976 der Wahlkreis 202 Fürstenfeldbruck (224812 Wahlberechtigte)

Aufgaben

1. Bei der Bundestagswahl 1976 gab es in der Bundesrepublik 42058015 Wahlberechtigte. Wieviel Wahlberechtigte entfielen durchschnittlich auf einen Wahlkreis?
2. Bei der Bundestagswahl 1976 haben 38165753 Bürger von ihrem Wahlrecht Gebrauch gemacht. Wie hoch war die prozentuale Wahlbeteiligung?
3. Im § 3 des Bundeswahlgesetzes (BWG) heißt es: »Die Bevölkerungszahl eines Wahlkreises soll von der durchschnittlichen Bevölkerungszahl der Wahlkreise nicht um mehr als 25% nach oben oder unten abweichen: beträgt die Abweichung mehr als 33⅓%, so ist eine Neuabgrenzung vorzunehmen.« 1976 hatte der Wahlkreis 202 Fürstenfeldbruck 294640 deutsche Einwohner. Ein Wahlkreis umfaßt im Bundesdurchschnitt 226678 deutsche Einwohner. Dieser Einteilung wurde die deutsche Wohnbevölkerung vom 30. 9. 73 zugrunde gelegt. Mit dieser Zahl rechnete man auch 1976 noch.
   Wie groß ist die prozentuale Abweichung des Wahlkreises 202 vom Bundesdurchschnitt?

4. Im Jahr 1976 hatte die Bundesrepublik ohne West-Berlin ca. 59 828 000 Einwohner, davon 57 742 000 Deutsche. Wie groß wäre danach die durchschnittliche deutsche Einwohnerzahl eines Wahlkreises?
   Wie groß wäre dann die prozentuale Abweichung des Wahlkreises 202 vom Bundesdurchschnitt?

5. Wahl der Bundestagsabgeordneten

Die Mitglieder des Bundestages heißen »Abgeordnete«, das Amt eines Abgeordneten nennt man »Mandat«.
Der Bundestag besteht aus 496 Abgeordneten, hinzu kommen noch 22 (nicht vollstimmberechtigte) Abgeordnete aus W.-Berlin, die vom dortigen Abgeordnetenhaus gewählt werden.
248 Abgeordnete – also die Hälfte der 496 – werden in den einzelnen Wahlkreisen durch »relative Mehrheitswahl« gewählt. Wer also in seinem Wahlkreis die meisten Stimmen erhält, ist gewählt (»Direktmandate«). Die Namen dieser Abgeordneten, Beruf und Adresse stehen auf dem Stimmzettel.
Für die Wahl der übrigen 248 Abgeordneten hat jeder Wähler eine »Zweitstimme«. Mit dieser Zweitstimme wählt er eine Partei. Jede Partei hat eine »Landesliste« für das jeweilige Bundesland erstellt, auf der in bestimmter Reihenfolge für die Partei wichtige bekannte politische Persönlichkeiten bzw. meist weniger bekannte Fachleute für besondere Gebiete (z. B. Bildung, Rechtsfragen usw.) aufgeführt sind.
Damit eine Partei Abgeordnete in den Bundestag schicken kann, muß sie allerdings entweder mindestens 5% der im Bundesgebiet abgegebenen Zweitstimmen (Fünfprozentklausel«) oder aber 3 Direktmandate errungen haben. Einige Abgeordnete, die den entsprechenden Parteien besonders wichtig sind, werden doppelt abgesichert, d. h. sie haben einen eigenen Wahlkreis und stehen auf der Landesliste. Wenn der betreffende Abgeordnete nicht in seinem Wahlkreis gewählt wird, dann hat er immer noch die Möglichkeit, über die Landesliste in den Bundestag zu ziehen.
Das Verteilungsverfahren für alle 496 Abgeordneten geht folgendermaßen vor sich: Aufgrund der Zweitstimmen werden alle 496 Abgeordneten im Verhältnis der abgegebenen gültigen Wählerstimmen für die einzelnen Parteien verteilt (unter Berücksichtigung der 5%-Klausel!) .
Dieses Wahlverfahren nennt man »Verhältniswahl« oder »Proportionswahl« (Abk. »Proporz).
In der Anzahl der Abgeordneten, die auf diese Weise den Parteien zugeteilt sind, ist die Anzahl der durch die Mehrheitswahl gewonnenen Direktmandate bereits enthalten. Um die Anzahl der über die Landesliste in den Bundestag einziehenden Abgeordneten zu ermitteln, muß man von der Anzahl der einer Partei zustehenden Mandate die Anzahl ihrer gewonnenen Direktmandate abziehen.

Die Bundestagswahl in der Bundesrepublik ist demnach eine »Mischwahl«, wobei mit den Erststimmen eine relative Mehrheitswahl und mit den Zweitstimmen eine Verhältniswahl durchgeführt wird.
Falls eine Partei in einem Land mehr Mandate errungen hat, als ihr auf Grund der Zweitstimmen zusteht, behält sie diese Mandate (Überhangsmandate). Die Zahl der Bundestagsabgeordneten muß dann um die Überhangsmandate erhöht werden.

Aufgabe:
In der Bundesrepublik werden die Abgeordneten nach einem Mischwahlsystem gewählt. Diskutiert folgende Fragen:
Was spricht gegen eine reine Verhältniswahl?
Was spricht gegen eine reine Mehrheitswahl?
Aus welchem Grund könnte ein Wähler seine Erststimme dem Direktkandidaten der Partei A, dagegen seine Zweitstimme der Partei B geben?

6. Rechenverfahren bei der Verteilung der Mandate

Bei der Gesamtverteilung der Mandate auf Grund der Zweitstimmen ergibt sich ein Rechenproblem: dazu ein erdachtes Beispiel:
In einer Stadt sind bei einer Wahl 100000 Stimmen abgegeben worden. 10 Abgeordnete sollen gewählt werden, drei Parteien warben um die Stimmen. Das Ergebnis war:

	Stimmen
Partei A	64273
Partei B	21287
Partei C	14440

Nach gewöhnlicher Verteilungsrechnung mit Auf- und Abrunden ergibt sich

	Abgeordnete
$\frac{64273}{100000} \cdot 10 = 6{,}4273$	6
$\frac{21287}{100000} \cdot 10 = 2{,}1287$	2
$\frac{14440}{100000} \cdot 10 = 1{,}4440$	1

So kommen aber nur 9 Abgeordnete heraus!

Welche Partei soll den 10. Abgeordneten stellen?
Es gibt mehrere Verfahren, nach denen sich alle Abgeordneten verteilen lassen. In der BRD sind zwei Verfahren bedeutsam geworden: 1. das Verfahren nach Hare, 2. das Verfahren nach d'Hondt.
1. Nach dem Hareschen[1] Verfahren geht man wie folgt vor:
Man führt die Verteilungsrechnung wie bei dem vorigen Beispiel durch. Zunächst werden die vor dem Komma stehenden Zahlen (Abgeordneten) den Parteien zugeteilt. Die übrig gebliebenden Abgeordnetensitze werden nach der Größe der Bruchzahlen nach dem Komma verteilt. In unserem Fall würde also Partei C den 10. Abgeordneten zugesprochen bekommen. Das Haresche Verfahren wird z. B. bei der Besetzung von Bundestagsausschüssen angewendet.
2. Nach dem Verfahren von d'Hondt[2] geht man so vor:
Man dividiert die Wählerstimmen jeder Partei durch 1, 2, 3, 4, 5 . . . usw. und bricht bei Erreichen der Kommastelle ab. Den der Größe nach geordneten Teilungszahlen ordnet man dann der Reihe nach die Abgeordnetensitze zu.

Beispiel:

Verteilung von 10 Sitzen nach d'Hondt:

	Partei A 64273		Partei B 21287		Partei C 14440	
Teiler	Teilungszahl	Sitzfolge	Teilungszahl	Sitzfolge	Teilungszahl	Sitzfolge
1	64273	1	21287	4	14440	6
2	32136	2	10643	9	7220	–
3	21424	3	7095			
4	16068	5				
5	12854	7				
6	10712	8				
7	9181	10				
8	8034	–				

Die Verteilung fällt also so aus:

	Abgeordnetensitze
Partei A	7
Partei B	2
Partei C	1

[1] Thomas Hare, englischer Rechtsanwalt (1858).
[2] Victor d'Hondt, belgischer Jurist (1882).

Nach diesem Verfahren werden alle 496 Sitze des Bundestages auf die Parteien, die wenigstens 5% aller Zweitstimmen erhalten haben, verteilt.

Aufgaben

1. Bei der Bundestagswahl 1976 wurden 37822500 gültige Zweitstimmen abgegeben.

	Zweitstimmen 1976		Mandatsverteilung	
	absolut	%	d'Hondt	Hare
SPD	16099019		214	
CDU	14367302		190	
CSU	4027499		53	
F.D.P.	2995085		39	
NPD	122661		—	
DKP	118581		—	
andere	92353		—	
gesamt			496	496

(a) Berechne die Prozentsätze der Zweitstimmen für die einzelnen Parteien.
(b) Wie wäre die Mandatsverteilung bei Anwendung des Hareschen Verfahrens ausgefallen?
(Beachte: Die Wählerstimmen der Parteien, die weniger als 5% aller Stimmen erhalten haben, werden nicht mitgerechnet.)
(c) Wie wäre die Mandatsverteilung nach d'Hondt ausgefallen, wenn CDU und CSU eine Partei wären?
(Anleitung: Wähle für die SPD die Teiler 212–215; für die CDU/CSU die Teiler 241–244 und für die F.D.P. die Teiler 38–41).

2. Vervollständige folgende Tabelle (s. Tabelle bei Aufgabe 1)

Bundestagswahl 1976

	Anzahl der Direktmandate	Anzahl der Mandate über die Landesliste
SPD	113	
CDU	95	
CSU	40	
F.D.P.	–	

3. Die folgende Tabelle zeigt die Zweitstimmenergebnisse der Bundestagswahl 1976 in den Bundesländern (in %). Stellt die Ergebnisse für jedes Land in einem Kreisdiagramm dar.

	CDU/CSU	SPD	F.D.P.	Sonstige
Baden-Württemberg	53,3	36,6	9,1	1,0
Bayern	60,0	32,8	6,2	1,0
Bremen	32,5	54,0	11,8	1,7
Hamburg	35,9	52,6	10,2	1,3
Hessen	44,8	45,7	8,5	1,0
Niedersachsen	45,7	45,7	7,9	0,7
Nordrhein-Westf.	44,5	46,9	7,8	0,8
Rheinland-Pfalz	49,9	41,7	7,6	0,8
Saarland	46,2	46,1	6,6	1,1
Schleswig-Holstein	44,1	46,4	8,8	0,7

4. *Direktmandate* bei der Bundestagswahl 1976:
1976 gewann die SPD bei der Bundestagswahl folgende Wahlkreise:
1, 4, 5, 6, 7, 11–23, 29, 35, 36, 37, 33, 41–45, 47–52, 54, 58–62, 67, 69, 70–73, 75, 76, 82, 84–89, 90, 91, 97–101, 104, 105, 107, 108, 110–119, 123–133, 136, 138–140, 142–146, 152, 156–159, 161, 164, 165, 179, 161, 164, 165, 179, 180, 205, 230, 231, 244, 245, 248.
Kreuze diese Wahlkreise an!
Welche Wahlkreise gewannen die CDU, CSU F.D.P.?

7. Zusammenhang zwischen dem Hareschen und dem d'Hondtschen Berechnungsverfahren

In einem Ort haben 10000 Wahlberechtigte 14 Abgeordnete gewählt. Drei Parteien A, B und C hatten um die Wählerstimmen geworben.

	A	B	C
Wählerstimmen	$a = 4500$	$b = 4200$	$c = 1300$

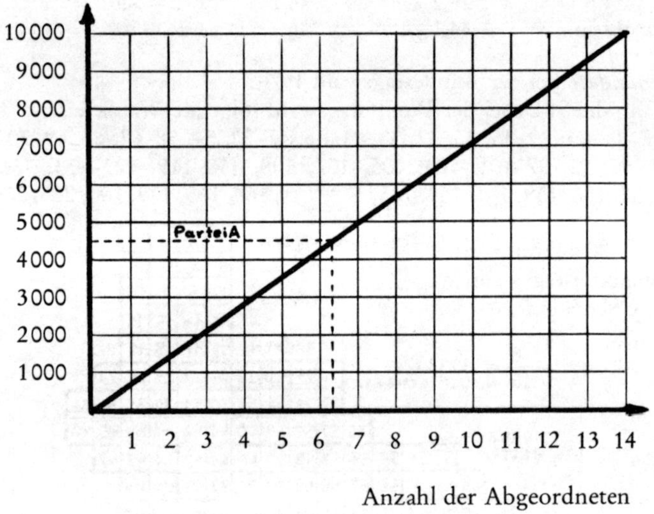

Nach diesem Diagramm werden die Abgeordneten im Verhältnis der abgegebenen Stimmen den einzelnen Parteien zugeteilt (direkte Proportionalität). Bestimme daraus die Abgeordnetenzahlen (zunächst als Bruchzahlen) für die Parteien B und C und stelle dann die Ganzzahligkeit der Abgeordneten nach dem Hareschen Verfahren her. Überprüfe die Zahlen durch Rechnung.

Abgeordnete für	aus dem Diagramm als Bruchzahlen	Hare	Hare (durch Rechnung)
Partei A	6,3		
Partei B			
Partei C			

Bestimme die Abgeordnetenverteilung nach dem d'Hondtschen Verfahren:

$a = 4500 \qquad b = 4200 \qquad c = 1300$

$\frac{a}{2} =$

Abgeordnetenverteilung nach d'Hondt:

	Partei A	Partei B	Partei C
Wähler			
Abgeordnete			

Trage die zusammengehörigen Zahlenpaare in das Diagramm ein!

In einem Land sind 44 Abgeordnete nach d'Hondt zu verteilen. Die Parteien A, B, C, D erhalten folgende Zweitstimmen:

Partei A	Partei B	Partei C	Partei D
$a = 820\,000$	$b = 590\,000$	$c = 350\,000$	$d = 90\,000$
$\frac{a}{2} = 410\,000$	$\frac{b}{2} = 295\,000$	$\frac{c}{2} = 175\,000$	
⋮	⋮	⋮	
		$\frac{c}{8} = 43\,750$	
	$\frac{b}{15} = 39\,333$	$\frac{c}{9} = 38\,888$	
$\frac{a}{20} = 41\,000$			
	$\frac{b}{16} = 36\,875$		
$\frac{a}{21} = 39\,047$			
$\frac{a}{22} = 37\,272$			

(Wir verwenden hier durchgängig das Gleichheitszeichen, obwohl nicht alle Quotienten ganzzahlig sind)

Aufgaben

1. Partei D wurde nicht berücksichtigt.
Wieviel Prozent aller Stimmen hat Partei D erhalten?
2. Wie wäre die Mandatsverteilung, wenn Partei D berücksichtigt würde?

	Partei A	Partei B	Partei C	Partei D
Anzahl der Abg. ohne Partei D	21	15	8	–
Anzahl der Abg. mit Partei D				

3 Aus dem d'Hondtschen Berechnungsschema kann man erkennen:

$$\frac{a}{21} \approx \frac{b}{15} \approx \frac{c}{8}$$

Berechne die Anzahl der Abgeordneten (als Bruchzahlen), wenn sie im Verhältnis der abgegebenen Stimmen auf die Parteien verteilt werden. Stelle die ganzzahlige Verteilung nach dem Hareschen Verfahren her, und vergleiche mit der d'Hondt-Verteilung (ohne Partei D).

Mandatsverteilung	Partei A	Partei B	Partei C
nach d'Hondt	21	15	8
nach Hare			

8. Ständige Ausschüsse des Bundestages

Die Anzahl der ständigen Bundestagsausschüsse und die Anzahl ihrer Mitglieder kann je nach Erfordernissen durch den Bundestag festgelegt werden.

Bundestagsausschüsse sind »Arbeitsbienen«
Bonn (ap). Bundestagspräsident Carstens hat im Rahmen der Schriftenreihe »Bundestag von A–Z« eine Informationsschrift über die Tätigkeit der Bundestagsausschüsse herausgeben lassen, in der diese Gremien als die eigentlichen »Arbeitsbienen« für das Parlament geschildert werden. »Über den Fleiß der Parlamentarier sagen leere oder volle Bänke im Plenum, aufmerksam lauschende oder zeitunglesende Bundestagsabgeordnete so gut wie nichts aus«, heißt es in der Schrift, die für Informationsstellen, Schulen und interessierte Einzelpersonen zur Verfügung steht. Wie wichtig die Beratungen und vorbereitenden Arbeiten in den Ausschüssen sind, wird an dem Zahlenbeispiel demonstriert, daß in den Jahren 1949 bis 1976 insgesamt 1580 Bundestagssitzungen 21 240 Sitzungen von Ausschüssen, Sonder- und Untersuchungsausschüssen bedingten. Der Bundestag verfügt über 19 ständige Ausschüsse.

(Weser-Kurier v. 27. 12. 77)

In der 8. Wahlperiode (1976–1980) gibt es folgende ständige Ausschüsse:

	Mitglieder-Anzahl
Ausschuß für Wahlprüfung, Immunität und Geschäftsordnung	13
Petitionsausschuß	27
Auswärtiger Ausschuß	33
Innenausschuß	27
Sportausschuß	17
Rechtsausschuß	27
Finanzausschuß	31
Haushaltsausschuß	33
Ausschuß für Wirtschaft	31
Ausschuß für Ernährung, Landwirtschaft und Forsten	27

Ausschuß für Arbeit und Sozialordnung	33
Verteidigungsausschuß	27
Ausschuß für Jugend, Familie und Gesundheit	27
Ausschuß für Verkehr und für das Post- und Fernmeldewesen	31
Ausschuß für Raumordnung, Bauwesen und Städtebau	27
Ausschuß für innerdeutsche Beziehungen	23
Ausschuß für Forschung und Technologie	17
Ausschuß für Bildung und Wissenschaft	27
Ausschuß für wirtschaftliche Zusammenarbeit	23

Aufgaben

1. Diese Aussschüsse gab es 1969–1972. Diskutiert die Veränderungen!

1. Ausschuß für Wahlprüfung, Immunität und Geschäftsordnung:	17 Mitglieder
2. Petitionsausschuß:	25 Mitglieder
3. Auswärtiger Ausschuß:	33 Mitglieder
4. Innenausschuß:	25 Mitglieder
5. Rechtsausschuß:	25 Mitglieder
6. Finanzausschuß:	33 Mitglieder
7. Haushaltsausschuß:	37 Mitglieder
8. Ausschuß für Wirtschaft:	37 Mitglieder
9. Ausschuß für Ernährung, Landwirtschaft und Forsten	33 Mitglieder
10. Ausschuß für Arbeit und Sozialordnung:	37 Mitglieder
11. Verteidigungsausschuß:	25 Mitglieder
12. Ausschuß für Jugend, Familie und Gesundheit	25 Mitglieder
13. Ausschuß für Verkehr und für das Post- und Fernmeldewesen:	25 Mitglieder
15. Ausschuß für innerdeutsche Beziehungen:	25 Mitglieder
16. Ausschuß für Bildung und Wissenschaft:	25 Mitglieder
17. Ausschuß für wirtschaftliche Zusammenarbeit:	17 Mitglieder

2. Der Bundestag hat insgesamt 518 Abgeordnete (496 + 22). Die zu einer Partei im Bundestag gehörenden Abgeordneten bilden eine Fraktion. Im 8. Bundestag hat die CDU/CSU-Fraktion 254 (243 + 11), die SPD-Fraktion 224 (214 + 10) und die FDP-Fraktion 40 (39 + 1) Mitglieder. Die Sitzverteilung der Fraktionen innerhalb eines Ausschusses wird nach dem Hareschen Verfahren bestimmt.
Berechne die Sitzverteilung in den ständigen Ausschüssen.

Anzahl der Ausschußmitglieder	CDU/CSU	SPD	F.D.P.
13			
17			
23			
27			
31			
33			

9. Wahlstatistik

Nach einer Wahl erfährt man bald, in welchen gesellschaftlichen Schichten die Parteien Gewinne oder Verluste hinnehmen mußten, wie das Jungwählerverhalten war usw. Die Daten stützen sich auf Ergebnisse vorangegangener Bundestags- und Landtagswahlen, auf das vorläufige Ergebnis der gerade durchgeführten Wahl, auf Computerrechnungen mit Wählermodellen, auf regelmäßige Befragungen repräsentativer Wählerquerschnitte vor der Wahl und am Wahltag.
Die Erhebung und Auswertung der Daten wird durch Meinungsumfrage-Institute durchgeführt.

Aufgabe

Die folgenden Tabellen zeigen das Wählerverhalten von Männern und Frauen nach verschiedenen Altersgruppen bei den Bundestagswahlen 1972 und 1976. Tragt die Tabellenwerte in ein Koordinatensystem ein und diskutiert das Wahlverhalten.

Frauen (Zweitstimmen in %)

Altersgruppe	CDU/CSU		SPD		F.D.P.	
	72	76	72	76	72	76
18–24	35,9	40,2	55,0	50,2	8,5	8,6
25–34	42,0	44,3	47,5	44,5	10,1	10,7
35–44	43,8	50,0	47,3	40,9	8,3	8,7
45–52	47,9	49,9	43,6	42,1	7,7	7,4
60 u. älter	51,7	52,5	42,0	42,0	5,7	5,2

Männer (Zweitstimmen in %)

Altersgruppe	CDU/CSU		SPD		F.D.P.	
	72	76	72	76	72	76
18–24	34,7	40,2	54,3	49,4	9,6	8,5
25–34	40,5	43,3	48,1	45,3	10,5	10,3
35–44	41,5	48,8	48,4	41,4	8,9	9,0
49–59	44,4	48,4	45,7	42,7	8,9	7,7
60 u. älter	49,3	51,2	42,5	42,0	6,7	5,6

10. Landtagswahlen

Bund und Länder

Die Bundesrepublik Deutschland ist ein föderalistischer Staat (lat. foedus = Bund), ein Bund aus 10 Bundesländern und West-Berlin. Die staatlichen Aufgaben sind zwischen Bund und Ländern aufgeteilt. Beide müssen bei der Erledigung dieser Aufgaben zusammenwirken.

Die Aufgaben der Länder lassen sich aus dem Grundgesetz, der Verfassung für die Bundesrepublik, und aus den entsprechenden Landesverfassungen entnehmen.

Wahlen zu den Ländervertretungen

Die Wahlen zu den Ländervertretungen nennt man Landtagswahlen. Sie finden in der Regel alle 4 Jahre (in Nordrhein-Westfalen und im Saarland alle 5 Jahre) statt. Dabei werden die Abgeordneten für das Landesparlament, den »Landtag«, in Berlin das »Abgeordnetenhaus« in Bremen und Hamburg die »Bürgerschaft«, gewählt.
Die Regierung eines Landes heißt »Landesregierung« (Ausnahmen: Bayern »Staatsregierung«, Berlin, Bremen, Hamburg »Senat«). Der Regierungschef des Landes wird vom Landesparlament gewählt. Er heißt Ministerpräsident, in Berlin »Regierender Bürgermeister«, in Hamburg »Erster Bürgermeister« (Präsident des Senats), in Bremen »Präsident des Senats«.
Landtagswahlen sind Verhältniswahlen,[3] d. h. die von Land zu Land verschiedenen Abgeordnetenzahlen werden im Verhältnis der für die einzelnen Parteien (Listen) abgegebenen Stimmen nach dem nach dem Verfahren von d'Hondt verteilt. Auch bei Landtagswahlen giblt die 5% Klausel.

Aufgaben

1. Landtagswahlen 1974–1976

Land	Wahl-jahr	gültige Stimmen in Tsd.	CDU/CSU in %	in Tsd.	SPD in %	in Tsg.	F.D.P. in %	in Tsd.
Baden-Württ.	1976	4537	56.7		33.3		7.8	
Bayern	1974	5639	62.1		30.2		5.2	
Bremen	1975	430	33.8		48.7		13.0	
Hamburg	1974	1045	40.6		44.9		10.9	
Hessen	1974	3230	47.3		43.2		7.4	
Niedersachsen	1974	4298	48.8		43.1		7.0	
Nordrh.-Westf.	1975	9159	47.1		45.1		6.7	
Rheinl.-Pfalz	1975	2120	53.9		38.5		5.6	
Saarland	1975	706	49.1		41.8		7.4	
Schleswig-Holst.	1975	1505	50.4		40.1		7.1	
alle 10 Länder Zusammen	1974 –1976							

(a) Berechne die Anzahl der Stimmen, die auf die Parteien CDU, CSU, SPD und F.D.P. in den einzelnen Ländern entfielen.

[3] Bayern führt eine Mischwahl ähnlich der Bundestagswahl durch.
Lit.: E. Hübner, Wahlsysteme, Bayerische Landeszentrale für Bildungsarbeit, München, 1976.

(b) Berechne die fehlenden Zahlen in der letzten Zeile.
(c) Vergleiche die Ergebnisse der Aufgabe (b) mit der Bundestagswahl 1976.
2. Die folgende Übersicht zeigt die Ergebnisse der Landtagswahlen in Hessen 1974 und 1978.

	Landtagswahlen 1978		Mandate	Landtagswahlen 1974		Mandate
CDU	1575145	46,0	53	1528793	47,3	53
SPD	1515371	44,3	50	1394123	43,2	49
F.D.P.	224972	6,6	7	238726	7,4	8
DKP	14530	0,4	–	28699	0,9	–
NPD	12499	0,4	–	32713	1,0	–
KBW	2710	0,1	–	2732	0,1	–
GAZ	30738	0,9	–	–	–	–
GLH	37696	1,1	–	–	–	–
FWG	7476	0,2	–	–	–	–
EAP	519	0,0	–	–	–	–

Die CDU erhielt danach mehr Stimmen als 1974. Der Prozentsatz der CDU-Wähler hat sich aber gegenüber 1974 verkleinert. Liegt hier ein Schreibfehler vor? Rechne nach!

Der Bundesrat
Der »Bundesrat« setzt sich aus Vertretern der Länderregierungen zusammen und ist ein »Bundesorgan«. Der Bundesrat ist ein Bindeglied zwischen Bund und Ländern und bringt deutlich den föderativen Aufbau der Bundesrepublik zum Ausdruck. Sein Aufgabenbereich wird durch das Grundgesetz geregelt.

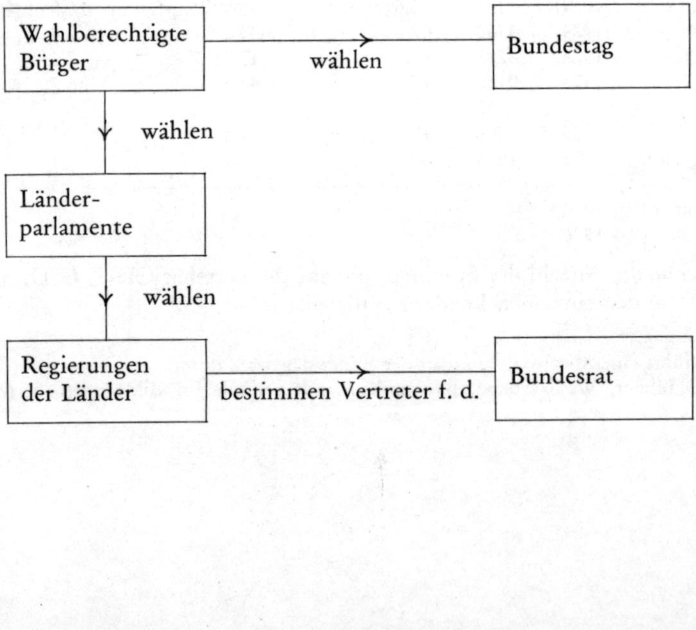

Durch den Bundesrat wirken die Länder bei der Gesetzgebung und Verwaltung des Bundes mit.

Aufgaben

1. Anzahl der Stimmen die jedes Land im Bundesrat hat, richtet sich nach der Einwohnerzahl des Landes: »Jedes Land hat mindestens drei Stimmen, Länder mit mehr als zwei Million Einwohner haben vier, Länder mit mehr als sechs Millionen Einwohner haben fünf Stimmen«. (Artikel 51, Grundgesetz).

Land	Regierung (Stand 1977)	Einwohnerzahl (in Tsd.)	Anzahl der Vertreter im Bundesrat
Baden-Württt.	CDU	9197,0	
Bayern	CSU	10830,0	
Bremen	SPD	721,1	
Hamburg	SPD/F.D.P.	1725,9	
Hessen	SPD/F.D.P.	7251,8	
Nordrh.-Westf.	SPD/F.D.P.	17177,4	
Rheinl.-Pfalz	CDU	3677,5	
Saarland	CDU/F.D.P.	1100,2	
Schleswig-Holstein	CDU	2583,9	
W-Berlin	SPD/F.D.P.	2004,0	

Bestimme die Anzahl der Vertreter der Länder im Bundesrat.
(W-Berlin ist nicht stimmberechtigt)
Wieviel Vertreter gehören zur CDU/CSU bzw. CDU/F.D.P. Koalition, wieviel zur SPD bzw. SPD/F.D.P. Koalition?

2. Eine Gesetzesvorlage des Bundestages kann vom Bundesrat abgelehnt werden. Wenn 2/3 der Mitglieder des Bundesrates die Gesetzesvorlage ablehnen, kann das Gesetz nicht in Kraft treten, auch wenn der Bundestag der Gesetzesvorlage zustimmt. Wenn also 2/3 der Mitglieder des Bundesrates eine Partei oder Parteienkoalition angehört, die in Opposition zur Bundesregierung steht, kann diese regierungsunfähig werden.
Wieviel Mitglieder brauchte Anfang 1978 die Opposition, um die 2/3-Mehrheit zu erreichen?